GUANZHU CHAYI ZHENGTI TIGAO
XIANYU NONGCUN CHUZHONG SHUXUE YINXING FENCENG JIAOXUE DE SHISHI

关注差异 整体提高
——县域农村初中数学"隐性分层教学"的实施

裴治福 ◎ 著

东北师范大学出版社
长春

图书在版编目（CIP）数据

关注差异　整体提高：县域农村初中数学"隐性分层教学"的实施 / 裴治福著. -- 长春：东北师范大学出版社，2023.11
ISBN 978-7-5771-0893-3

Ⅰ.①关… Ⅱ.①裴… Ⅲ.①中学数学课－教学研究－初中 Ⅳ.①G633.602

中国国家版本馆CIP数据核字(2023)第242147号

□责任编辑：逯　伟　　□封面设计：品诚文化
□责任校对：胥　杰　　□责任印制：许　冰

东北师范大学出版社出版发行
长春净月经济开发区金宝街118号（邮政编码：130117）
电话：0431—85690289
网址：http://www.nenup.com
东北师范大学出版社激光照排中心制版
四川科德彩色数码科技有限公司印装
成都市郫都区成都现代工业港北片区港北二路551号（邮政编码：611743）
2023年11月第1版　2023年11月第1版第1次印刷
幅面尺寸：165mm×240mm　印张：10　字数：138千

定价：48.00元

前　言

贵州省2023年《政府工作报告》强调，要持续增加优质教育资源供给，深入实施整体提升教育水平攻坚行动。巩固提升基础教育，推进公办强校计划、县域义务教育优质均衡县和学前教育普及普惠县创建，实施小学数学教学质量强基行动，做强做优县中，实现义务教育大班额消除60%以上，基本消除普通高中超大班额，学前三年毛入园率、九年义务教育巩固率、高中阶段毛入学率分别达93%、95%、92%。

"小学数学教学质量""义务教育大班额"是初中数学比较敏感的话题。小学数学教学质量低下，直接导致初中数学教学难度大，易地扶贫搬迁、进城务工等致使县城及以上初中大班额现象常态化。笔者所在县域的小学近十年来的小升初数学科成绩乡镇人均分为40分左右，个别乡镇小学甚至只有30多分，县城小学人均分则为50分左右；学生人数方面，乡镇级初中班额为50人左右，县城级初中班额为65人左右。整体而言，县域农村初中学生的数学基础较差，且学生间差异大。作为初中数学教师，我们要认识到学生的差异，进行差异化教学，以缩减学生间的差异，整体提高初中数学教学质量。

随着义务教育的全面普及，教育需求从"有学上"转变为"上好学"。本书立足于县域农村初中数学隐性分层教学，主张从层次性分组、备课、课堂管理和授课、辅导、作业设计、评价、小组管理、学生心理认知和干预等方面实施有针对性的教学。本书在诠释数学隐性分层教学策略时，佐以一定数量的数学教学案例，主张面向全体学生因材施教，让数学基础不同的学生都能获得发展，整体提升学生的数学知识水平。县域农村初中数学隐性分层教学的实施以学生为中心，强调初中数学教师的教学研究从教师的"教"转向学生的"学"，从根本上改变初中数学是边远贫困地区薄弱学科的现状。

　　一套教学模式无法适用所有的学生。教师要认识到学生的差异，有针对性地实施差异教学，让每一个孩子都闪闪发光！

目录
Contents

第1章 概　述 ……………………………………………（1）
 1.1　分层教学 …………………………………………（1）
 1.2　隐性分层教学 ……………………………………（1）
 1.3　初中数学隐性分层教学 …………………………（2）
 1.4　分层教学的理论依据 ……………………………（2）

第2章 隐性分层教学的现状及价值 …………………（5）
 2.1　国外研究现状 ……………………………………（5）
 2.2　国内研究现状 ……………………………………（6）
 2.3　应用价值 …………………………………………（8）

第3章 县域初中数学隐性分层教学的实施 …………（11）
 3.1　层次性分组 ………………………………………（11）
 3.2　层次性备课 ………………………………………（15）
 3.3　层次性课堂管理及授课 …………………………（18）
 3.4　层次性辅导 ………………………………………（26）
 3.5　层次性作业设计 …………………………………（32）
 3.6　层次性评价 ………………………………………（48）
 3.7　层次性小组管理 …………………………………（51）

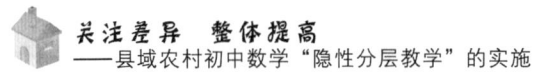

3.8 分层教学学生心理认知及干预 ……………………………（53）

第4章 隐性分层教学的教学案例 ………………………………（68）
4.1 初中数学分层教学案例设计 …………………………………（68）
4.2 以学生为中心的层次性备考训练 ……………………………（104）
4.3 补短、培优、提中教学案例 …………………………………（110）
4.4 校级小课题"差异性教学"研究报告 …………………………（140）

后 记 ……………………………………………………………（150）
参考文献 …………………………………………………………（151）

第1章 概 述

1.1 分层教学

分层教学就是把同一年级或者班级的学生，按照学习基础、学习能力，分成若干个层次，设定不同的教学目标、教学内容和评价标准，采用不同的教育教学方法、措施，以最大限度地调动不同能力水平的学生的学习积极性，使每个学生在各自的基础上得到更好的发展。分层教学分为显性分层教学和隐性分层教学，本书阐述的是根据班级学生的学习特点，在班级内部组织实施的隐性分层教学。

1.2 隐性分层教学

隐性分层教学是指授课教师在综合考虑学生原有知识水平、学习能力和学习潜力的基础上，在实施分层教学的过程中，为了避免分层给学生带来的负面影响，采取的只有自己与学生个体知晓的动态的分层模式，以达到以学定教、因材施教的效果。这种分层很大程度上照顾了学生的自尊心，避免其因为分层而产生心理落差甚至厌学。

1.3 初中数学隐性分层教学

初中数学隐性分层教学是指数学教师根据本地区初中学生的个性特点及现有知识水平、学习能力、学习潜力，对任教班级的学生进行隐性分层，通过层次性设计初中数学教学目标、组织课堂教学、布置课后作业、开展评价等方式，使各个层次的学生都能找到适合自己的学习方式，实现个人发展最佳化。初中数学教师要关注到每个学生的学习差异，实施有针对性的差异教学、尊异教学，整体提高教学水平。

1.4 分层教学的理论依据

除了"因材施教"教育理论外，"掌握学习"理论、"最近发展区"理论和"教学形式最优化"理论都为初中数学隐性分层教学模式奠定了理论基础。

1. "因材施教"理论

"因材施教"最早是由我国古代大教育家孔子提出的，是孔子在教育上的主张之一。"因材施教"是指教师要从学生的实际情况出发，有的放矢地进行有差别的教学，使每个学生都能扬长避短，获得最佳发展，也就是针对学生的志趣、能力等具体情况采取不同的教育方式。

据说，有次孔子讲完课，回到自己的书房后，学生公西华给孔子端来一杯水。这时，子路匆匆走进来，向孔子讨教："先生，如果我听到一种正确的主张，可以立刻去实践吗？"孔子看了子路一眼，慢条斯理地说："总要问一下你的父亲和兄长吧，怎么能才听到就去做呢？"子路刚出去，学生冉有就悄悄地来到孔子面前，恭敬地问："先生，我要是听到正确的主张，应该立刻去实践吗？"孔子马上答道："对，应该立刻实践。"冉有走后，公西华奇怪地问："先生，一样的问题，你的回答怎么相反呢？"孔子笑了笑说："冉有性格谦逊，办事犹豫不决，所以我鼓励他行事果断。但子路争强好胜，办事不周全，所以我就劝他遇事时多听取别人的意见，三思而后行。"

2."掌握学习"理论

"掌握学习"理论是20世纪中期由美国心理学家布卢姆提出的，旨在使学习材料被每个学生所掌握。布卢姆认为，学生学习成绩的差异并不是必然的、固有的，而是由学生对新的学习任务的认知准备状态、情感准备状态和教学质量（即教学适合学生的程度）三个变量决定的。调整这些变量，实施"掌握学习"策略，就可以使绝大多数学生达到教学目标，强调每个学生都有能力学习、理解、掌握任何教学内容。只要提供较好的学习条件，制订针对不同学生的个性化的学习计划，就能让大多数学生的学习成绩、学习能力获得较好、更快的提升。

3."最近发展区"理论

苏联教育家维果茨基提出"最近发展区"理论，认为每个学生都拥有两种发展水平：一是现有的水平，即独立活动时所能达到的解决问题的水平；二是潜在的水平，即通过学习获得的潜力。两者间的差距被称为"最近发展区"或"最佳教学区"。教师在教学时要把学生的最近发展区转化为他们现有的发展水平，并不断拓展其更高水平的最近发展区，促进学生发展。隐性分层教学便根据学生学习的可能性，将全班学生区分为若干层次，并针对不同层次学生的共同特点和基础开展教学活动，使教学目标、教学内容、教学速度、教学方法更符合学生的知识水平和接受能力，符合学生实际学习的可能性，确保教学与各层次学生的最近发展区相适应，并不断地把学生的最近发展区变为其现有发展水平，提升学生的认知水平。

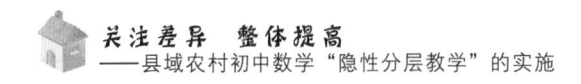

4."教学过程最优化"理论

苏联教育家巴班斯基于20世纪70年代提出"教学过程最优化"理论,认为在讲授容易理解的新课、进行书面练习和实验时,最好采用个别教学模式,面向学生进行个别指导,介绍适合他们独立学习的合理方法。另外,在做不同深度的练习题时,可进行临时分组:学困生做容易的题目,教师辅导;学优生做稍难的题目并举一反三。当讲授较难的新课时,教师不宜采用个别或分组教学模式,应采用集体讲授模式。巴班斯基主张实行个体、小组、班级整体结合的教学模式。而分层递进教学的实质就是把这三者有机结合起来,在集体教学的框架里进行分组教学和个别教学。这既顾及了学生个体间存在的差异,避免不分对象"一刀切"的弊端,又把因材施教落到了实处,大大提高了教学效率,是班级授课制条件下实施个别化、层次化的有效模式。

第 2 章　隐性分层教学的现状及价值

分层教学，即教师在学生的基础知识水平、智力等存在明显差异的情况下，有区别地设计教学环节和进行教学，遵循因材施教原则，有针对性地为不同类别的学生提供学习指导，不仅根据学生的实际情况来选择教法，布置练习、作业、测试，还因材施"助"、施"改"、施"考"、施"分"，使每个学生都能在原有的基础上得到发展，从而提高总体教学质量。

2.1　国外研究现状

在国外，20世纪初，分层教学被引入学校教育，将班级进行分层成为学校教育的主要特征和表现形式。从1916年开始，关于分层教学的研究越来越多。在世界各国，分层教学在教育理论研究中是一个颇受争议的话题，其发展经历了一个"马鞍形"的过程。

分层教学最先出现于美国。20世纪初，美国涌入大量移民儿童，美国教育界认为有必要按能力和以前的学习成绩对他们进行分类教育。而在20世纪50年代的英国，几乎所有的中小学都根据能力将学生分成不同的层次。随后，该方法受到社会各界人士的批评，他们认为这加强了种族间的不平等，造成了对"低能儿童"的歧视，使"低能儿童"的身心受到伤害；对"高能儿童"给予特殊照顾，则助长了"高能儿童"自高自大的骄傲习气。同时，由于教育分层，学生之间的隔阂加深了，易造成社会矛盾。由此，分层教学陷入低谷。

1957年，苏联的人造卫星上天，使得西方的诸多国家恐慌，特别是美国。美国对自身的教育制度进行抨击和反思，产生了要加速培养"尖端人才（精英）"的紧迫感，开始重新重视分层教学。美国推行再试验、再研究、现评价的教育模式，形成了对分层教学新的研究高潮。20世纪70年代至80年代中期，美国关于分层教学的研究呈现出对立的两大观点：一种持赞成的态度，认为教师更容易对分层后的同质班级开展教学工作；一种持反对态度，认为分层教学对学困生不公平，对学生的成长会产生不良的干扰因素，对学生的学业成绩提升也没有显著的效果。到了20世纪90年代，由于美国政府对精英人才和学术成就的重视，美国大部分学校重新回到分层教学的实践当中。美国1993年的一项调查显示，86%的公立中学仍在实施分层教学，只不过方法有所调整。现有的研究对于分层教学是好是坏这个问题仍没有一个比较统一的结论。总而言之，基于不同的教育教学目的或者教育价值观，人们对分层教学的评价有褒有贬。

美国的"分层教学"与"小班化"教学相结合，"主体教育"与"赏识教育"相结合，更能发挥学生学习的自主性。在国外，分层教学形式多样，班级类别有基础班、提高班、拓展班等，并形成走班的选修制教学模式。但是，我国处于义务教育阶段的学校，多数开展大班额超负荷教学，所以，盲目地照搬国外的分层教学模式显然行不通。因此，在中国如何实施分层教学十分值得探究。

2.2 国内研究现状

在中国，"因材施教"的说法古已有之。宋代朱熹在注解《论语》时指出："孔子教人，各因其材。"20世纪80年代，我国引进了分层教学的概念，国内各省市都有学校进行分层教学的研究和实践，其中有成功的，也有失败的。各地在实施分层教学的过程中，总结出了不少值得推广、借鉴的经验和做法。20世纪90年代初，上海率先提出"分层教学"试验，北京市第十一中学"数学学科分层教学"试验也取得显著效果，在当时有很大的影响；1993年，福州第八中学推进"数学学科分层教学"教育试验，平行分班、分层授课，提高了教学质量。温州教师教育学院附属中学对2003级高一新生进行"数学分层教学"，探索利与弊，试验结果显示：分层有利于中高层次学生提高学习积极性，增强自信心；对于成绩处于低层次的学生则没有产生积极的影响，而且可能适得其反。由以上的教学实践可以看出，分层教学是为了减少学生的差异，要注意避免产生新的不良后果。十几年来，在我国普通中学进行的分层教学教改试验，针对数学和英语等学科的居多，并已得出分层教学的可行性依据。

近年来，许多教育类期刊都刊登了关于"分层教学"的研究性文章，如学术期刊《初中数学教与学》之《试论分层递进教学模式》（刘树仁，2010年），《教育管理》之《突出主体地位 尝试分层推进——英语、数学分层次教学的探索和实践》（刘少娟等，2010年）等。虽然"分层教学"并不是一个崭新的研究课题，有很多专家对此课题进行了比较深刻的研究，并对"分层教学"的具体实施提出了各种可行的方案，但是以上的教育教学改革都属于很"显性"的分层次教学，对正在成长的青春期学生难免会造成一些不良的心理影响。

2018年11月，河北师范大学张婧在《初中数学隐性分层教学实验研究》一文中对分层后如何教学进行了阐述，这是很有必要的，在一定程度上指明了隐性分层教学的方向。目前有关隐性分层教学的研究，理论成果较多而实操较少，如何长期实施分层教学、分层教学对不同层次学生心理状况的影响等研究尚少有成果。本书以张婧老师的理论为基础，从隐性分层的角度研究与探讨初中数学分层教学，深入研究班级常规的隐性分层管理、长期的分层体系教学策略、各个层次学生心理健康成长引导等具体内容，从关注个体、实施差异教学出发，探索整体提高初中数学学业质量的方法。

2.3 应用价值

1. 分层教学的必要性及可行性

"为了每一个学生的发展"是基础教育课程改革的核心。新的课程标准指出："数学教学要面向全体学生，实现人人学有价值的数学，人人都能获得必要的数学，不同的人在数学上得到不同的发展。"但是，学生在基础知识、兴趣爱好、智力水平、潜在能力、学习动机、学习方法等方面存在差异，如果按中等学生的知识水平授课，长期下来必然使一部分学生"吃不饱"，一部分学生"吃不了"。

因此，初中数学教师必须从学生的实际出发，因材施教、循序渐进，充分激发学生的学习积极性，发挥学生的创造力、创新思维，使不同层次的学生都能学有所得、逐步提高，最终取得预期的教学效果。

贵州省黔东南地区当前处于贯彻九年义务教育、全民脱贫、落实教育保障、乡村振兴的攻坚阶段，且初中98%以上的学生为苗、侗等少数民族，80%的学生为留守儿童，数学知识水平参差不齐，考试中满分、零分的都大有人在，两极分化严重。

2020年7月，剑河县约有3800名小升初学生，小升初数学考试平均分为48.3分。数学是民族地区初中教育中的薄弱学科，任课教师肩膀上的担子非常沉重。

要改变这种状况，可以在民族地区农村初中班级实施数学隐性分层递进教学，以学定教，因材施教，使不同层次的学生都能提高学习成绩，且获得个性化发展。

(1) 对于教师

在因材施教的过程中，教师要实时关注学生的发展过程并适时纠偏。第一，教师要适时布置作业，并及时批改，在发现问题后要及时纠错。如果教师批改作业与学生完成作业存在太长的时间差，使学生在作业中犯的错误得不到及时纠正，学生很容易脱离教师的教学预设。第二，教师要密切关注学生的行为表现，行为表现实际上是记忆力、兴趣爱好、反应速度、模仿能力和耐力五种行为特征的综合反映。哪一种行为偏差都会对学生的成长产生影响，所以，教师必须关注学生在各个方面的表现。第三，鼓励和强制都是使学生"乐知"的法宝，有的学生反叛情绪严重，教师要侧重于鼓励教学；而对于缺乏自律的学生，教师要适当采取强制性教学手段，让学生养成良好的学习习惯，积极主动地学习。第四，教师应彻底消除对学困生的偏见，切不可厚此薄彼，要践行"有教无类""人人都应得到公平的教育"的教育观。

(2) 对于家长

家长切不可错误地把教育只当成学校和教师的事情。第一，家长要积极配合教师了解学生在家庭、社会中的具体行为表现，落实学校制定的教育方案。第二，家长要主动参与孩子的学习活动，去发现孩子的优点和缺点，鼓励其优点，纠正其缺点，不要等到考试成绩出来后才秋后算账。第三，家长要学会把学习成绩与职业取向、价值取向区分开来，有的家长动不动就把孩子的行为活动或学习上的问题与他们的未来联系在一起，这是非常错误的。第四，家长不能把自己的兴趣、爱好和志向强加给孩子，要学会给孩子更大的空间，让他们自由地成长。第五，鼓励、承认和欣赏给人以动力，责备、反对和不被重视往往使人陷入无助的境况，所以，家长要有责任心、有爱心，懂得挖掘、欣赏孩子的优点，引领孩子健康成长。

(3) 对于学校

学校在教学实践中应当秉承因材施教的原则，有教无类。第一，学校应当建立一套科学、系统的学生个性特征测评制度。第二，学校应当建立一套因材施教的教学过程控制系统。第三，学校应当改革现行的班主任和任课教师制度，因为教学分工专业化是提高教学质量的根本保证，要让班主任从任课教师中分离出来，专门负责教育管理工作。

(4) 对于学生

教师要参照目标教学法理论，根据学生的差异，设置不同的达成目标，让学生根据形成性测验的结果来确认自己的目标达成情况，从而积极地参加下一阶段的学习活动。有的学生学习能力较低，有的学生受学习方法的限制，有的学生学习动力不足，所以学习成绩差。在实际情境中，能力、方法和动力等因素是交杂在一起、相互作用的，因此，教师必须从学习动力的激发维持和学习方法的指导等方面入手，采取不同的措施，使学生在自尊自信的状态下学习，这对于能力水平低的学生尤为重要。如果教师教育不得法，抹杀了学习能力较差的学生的自尊心，则无异于雪上加霜，抽去了他们发展的动力之源。

需要指出的是，因材施教并非要（也不可能）减少学生的差异。实际上，在有效的因材施教策略的影响下，学生的学习能力的发展速度是因人而异的，因为学生能否更充分地受益于教学条件，这本身就是其潜能高低的一个表现。在较适宜的学习条件下，潜能低者能够开发出潜能，潜能高者会发展得更快。教师对于不同水平的学生，应规划不同的发展蓝图，这样才能有意识地培养各型人才。

2. 教育公平

在经济合作与发展组织有关报告中，"教育公平有两个含义。第一个含义是公正，就是要保证性别、社会经济地位和种族等个人和社会因素不妨碍人达到其能力所允许的教育高度。第二个含义是覆盖，就是要保证所有的人都受到基本的、最低标准的教育。例如，每个人都应该能够读、写和做简单的算术"。因此，做到因材施教下学生充分发展是实现教育公平的一个重要举措。

第3章 县域初中数学隐性分层教学的实施

3.1 层次性分组

要进行有效的、有针对性的教学，教师必须清楚每个学生的个体水平，做到知己知彼，百战百胜。

1. 分组分层

初中数学教学以班级整体教学为主，以层次教学为辅，而对学生进行合理分层是分层教学成功的关键。隐性分层教学变传统的应试教育为素质教育，学生的成绩只是分层的标准之一。在初中数学隐性分层教学中，教师应注意下列原则：

（1）个人差异原则。在对学生进行分组之前，教师一般会组织一次考试，或者根据之前的考试成绩，结合学生的平时表现，以及学生的个人意愿，将学生分成A、B、C三个层次。有的分类中，A层次为学优生，B层次为中等生，C层次为学困生；有的分类中，A层次为学困生，B层次为中等生，C层次为学优生。

（2）尊重差异原则。为了不给数学学困生增加心理负担，教师必须做好分层前的思想工作，讲清楚道理：学习成绩的差异是客观存在的，分层教学的目的不是人为地制造等级，而是采用不同的方法来帮助学生提高数学成绩，最大限度地发挥学生的潜力，逐步缩小学生间的差距，实现班级的整体优化。组别，即小组的代号或称号。设立组别只是为了方便教学，组别并不代表主观分类标准。也就是说，位于学困生组别的学生，只要努力，就有成为学优生的可能。这种分组一般采用弹性制，不是固定的，半学期或者一段时间后就要经历一次调整，调整的依据是学生的实际学习情况，学习吃力可以下调，学习进步显著可以上调。

（3）注意"隐性"因素。为保护学生的自尊心，教师不能对学生的分组情况进行张贴公示，要时刻记住实施分层教学是为了减少差异，而不是为了产生新的差异。

（4）分层比例要合理。

在教学中，根据初中学生的数学基础、学习能力、学习态度、身心特点，结合教学目标和学生的最近发展区，可以将学生按3∶5∶2的比例分为A、B、C三个层次：A层学生是数学成绩拔尖的学优生，能掌握教材内容，能独立完成教师布置的复习参考题及补充题，能主动帮助B层、C层学生解答他们遇到的难题，与C层学生结成学习伙伴；B层学生的数学成绩中等，能掌握教材内容，能在教师的启发下完成习题，能积极向A层同学请教问题；C层学生是学习数学有困难的群体，能在教师和A层同学的帮助下掌握教材内容，能完成练习及部分简单习题。

在编排座位时，最好以7人组成一个学习小组，包括2名A层学生、3名B层学生、2名C层学生。学习小组成员并非一成不变，经过一段时间的学习后，一般是半学期或一学期，教师会根据学生的学习情况，适当引入竞争机制，做层次间必要的升降调整，激励学生上进，最终达到C层逐步解体，B、A层不断壮大的目的。

2. 班内"隐性分层"

（1）小升初新的班级：数学教师根据小升初成绩、班级思想教育成果、个体谈话反馈等，初步进行分层。例如，有些班级将学生分为A1、

A2、B1、B2、C1、C2 六个层次，最优层次有 10—12 位学生；也可以实施"团团坐"的分组分层教学，将班级学生分为 8 个团队组，每个团队组的人数在 8 名上下，代号分别是 1、2、3、4、5、6、7、8，代表不同的层次。

表 3-1 ××初中××班级数学科"隐性分层"教学用表

组别	序号	姓名	组别	序号	姓名	组别	序号	姓名
A1	1	×××	B1	1	×××	C1	1	×××
	2	×××		2	×××		2	×××
	3	×××		3	×××		3	×××
	4	×××		4	×××		4	×××
	5	×××		5	×××		5	×××
	6	×××		6	×××		6	×××
	7	×××		7	×××		7	×××
	8	×××		8	×××		8	×××
	9	×××		9	×××		9	×××
	10	×××		10	×××		10	×××
A2	1	×××	B2	1	×××	C2	1	×××
	2	×××		2	×××		2	×××
	3	×××		3	×××		3	×××
	4	×××		4	×××		4	×××
	5	×××		5	×××		5	×××
	6	×××		6	×××		6	×××
	7	×××		7	×××		7	×××
	8	×××		8	×××		8	×××
	9	×××		9	×××		9	×××
	10	×××		10	×××		10	×××

表 3-1 中，A1、A2 代表学优生，B1、B2 代表中等生，C1、C2 代表学困生。每个组有一名组长，组织和管理该小组成员。

还可以把全班学生分为 8 组，A1、A2，B1、B2，C1、C2，D1、D2 代表四类水平相近的学生，每个组有一名组长，协助教师组织管理本组成员。每个小组都有一个组名，如"英雄联盟组""厚积薄发组"等。

表 3-2 初中××班级数学科"隐性分层"教学用表

组别	序号	姓名	组别	序号	姓名	组别	序号	姓名	组别	序号	姓名
英雄联盟组	A1	×××	前途无量组	A1	×××	×××组	A1	×××	×××组	A1	×××
	A2	×××		A2	×××		A2	×××		A2	×××
	B1	×××		B1	×××		B1	×××		B1	×××
	B2	×××		B2	×××		B2	×××		B2	×××
	C1	×××		C1	×××		C1	×××		C1	×××
	C2	×××		C2	×××		C2	×××		C2	×××
	D1	×××		D1	×××		D1	×××		D1	×××
	D2	×××		D2	×××		D2	×××		D2	×××
厚积薄发组	A1	×××	勇攀高峰组	A1	×××	×××组	A1	×××	×××组	A1	×××
	A2	×××		A2	×××		A2	×××		A2	×××
	B1	×××		B1	×××		B1	×××		B1	×××
	B2	×××		B2	×××		B2	×××		B2	×××
	C1	×××		C1	×××		C1	×××		C1	×××
	C2	×××		C2	×××		C2	×××		C2	×××
	D1	×××		D1	×××		D1	×××		D1	×××
	D2	×××		D2	×××		D2	×××		D2	×××

（2）已经实验的班级：在原有班级教学"隐性分层"不变的情况下，数学教师根据上学期历次成绩、问卷调查结果、座谈会与个体谈话总结、学生家庭成长背景分析等，结合学生的个性特点、现有知识水平、学习能

力和学习潜力，对学生进行合理的调剂。例如：八年级××班 A1 组唐××同学因生病而下调到 A2 组，A2 组杨××同学因数学成绩突出而上调至 A1 组，跟不上教学进度的李××同学、邰××同学由 A2 组下调到 B1 组，等等。

3.2 层次性备课

20 世纪 70—90 年代的剑河县乡镇中学，学生走了一拨又一拨，教学质量却仍然能和县级、市级平起平坐。可如今的乡镇初中，"我们班一共有 40 多个学生，听起来不多吧，还是小班化教学，然而这 40 个学生中，有 3 个智力存在一定问题，就连班里学习成绩排名第一的学生，数学和英语也不及格，真的没法教了"。这段话看似不可思议，却反映出如今大多数乡镇中学的现状，和一线县、市的中学教育形成了鲜明而又惨烈的对比。

对于乡镇中学如今的情况，打铁还需自身硬！要提高县域乡镇教学质量，关键在于教师。教师首先要了解学生，认识学生的差异性；其次，采取具有针对性的分层教学，助推学生发展。分层次备课是搞好分层教学的关键。

1. 备好教学内容

首先，教师要有大局意识，即备好学期教学目标。例如，人民教育出版社 2013 年版初中数学七年级上册教科书一共有几个章节？其中，哪一章是重难点？在整个学期的数学科教学中，不同层次的学生应该达到什么水平？这些问题都需要教师在备课环节解决。

其次，教师要备好单元目标，把握好整体。例如，人民教育出版社 2013 年版初中数学七年级上册第一章讲解有理数，本章的重点、难点是什么？教师要对如何引导不同层次的学生突破重难点等做好预设。

最后，教师要备好课时目标。备课的核心要领是坚持"三围绕"：

第一步，围绕课标定目标。要确立学习目标，就要先做好课标分析、教材分析和学情分析。这是整个教学设计的重点和难点。

第二步，围绕目标定评估。即评估学习目标达成与否、达成程度。一个好的学习目标必然包含教学活动、评估任务。

第三步，围绕评估定活动。即依据评估任务来设计教学流程。

作为教师，我们都知道备好一节课是上好一节课的前提，原来的备课备的是知识，而学教评一致性教学设计则备的是学生，备的是方法，备的是教师恰当灵活的引领，充分体现了一节课以学生为主体的教学原则，符合素质教育的要求，更有利于培养学生的学科素养，挖掘学生的潜力，提升学生解决问题的能力。

例如，"等腰三角形"教学目标的设计：

《义务教育数学课程标准（2022年版）》与本节课有关的要求：理解等腰三角形的概念，探索并证明等腰三角形的性质定理：等腰三角形的两底角相等；等腰三角形底边上的高线、中线及顶角平分线重合。

课标分解：

1. 学生学什么

在本节课中，学生学习的主要内容是等腰三角形的有关概念和等腰三角形的两个性质：什么样的三角形是等腰三角形？等腰三角形的两个底角有什么关系？等腰三角形底边上的高线、中线及顶角平分线是否重合？等等。

2. 学生学到什么程度

《义务教育数学课程标准（2022年版）》明确指出，学生要了解等腰三角形的概念，包括能分辨出等腰三角形，指出等腰三角形的腰边和底边、顶角和底角，证明等腰三角形的性质，并用准确的文字叙述等腰三角形的性质。

3. 学生怎么学

结合教材中的"探究"栏目，学生动手绘制等腰三角形，并指出它的腰边、底边、顶角、底角；利用剪刀剪出等腰三角形，在折一折、比一比、说一说等活动中，通过观察、分析、研讨等，得出等腰三角形的性质，并尝试用不同的几何证明方法证明等腰三角形的性质。

2. 备好学生个体

教师在吃透课程标准、教材的情况下，按照不同层次学生的实际情况，因材施教，设计好分层教学的全过程，制定具体可行的教学目标，分清哪些属于全体学生的共同目标，哪些属于层次目标等。具体要求如表3-3所示。

表3-3　对不同层次的学生的具体要求

层次	不同的层次目标
C层	设计的问题简单一些，梯度缓一点。对C层学生加强思想教育、心理教育，严格要求，热情关怀，转变他们的学习态度，培养他们良好的学习习惯，调动他们的学习积极性，努力帮助他们掌握基本的知识和技能，提高学习质量，稳步发展为B层学生。
B层	设计的问题难度中等。帮助B层学生牢固掌握课程标准、教材所规定的知识和技能，培养他们的学习能力和学习品质，让他们争取成为A层学生。
A层	设计难度较大的问题。发展A层学生的数学特长，培养并提高他们的知识综合能力、应用能力、实验能力和创新能力。

例如，人教版九年级上册"一元二次方程根与系数的关系"教学目标设定如下：

（1）共同目标：记住一元二次方程的根与系数的关系，并能用它来解决简单的问题。

（2）层次目标：

C层学生了解一元二次方程的根与系数关系的推导过程，记住一元二次方程的根与系数的关系，并能进行一些简单的应用；

大部分 B 层学生能推导一元二次方程的根与系数的关系，并能用它去解决较复杂的问题；

A 层学生会推导一元二次方程的根与系数的关系，并能熟练运用它去解决有一定难度的灵活性、综合性问题。

3. 备好教学活动

（1）对个别学生：点头肯定；告诉学生答题要点；指导学生给同桌的试卷打分……

（2）对小组：与小组成员坐在一起并讨论答案；让一个小组评析另一个小组的答案；让小组长检查组员的答案……

（3）对全班：在幻灯片上展示答案；挑选学生朗读答案；让学生彼此给分……

3.3 层次性课堂管理及授课

数学教师的"教风"，会影响学生的"学风"和"考风"。课堂是教师教学的阵地，数学教师的课堂最容易出现以下问题：一是课堂效率不高，课堂的有效性较低；二是探究教学程度低，学生探究学习不足；三是课堂管理能力较低；四是学习活动单一；五是给学生预留的表现机会太少。

数学教师搞好层次性授课的第一要务是管理好自己的课堂。

1. 建立常规，培养习惯

课堂要立规矩，和学生约法三章：上课应该做什么、不能做什么，以及违反后相应的惩戒措施等。洛克说："事实上，一切教育都归纳为养成儿童的良好习惯，往往自己的幸福归于自己的习惯。"建立良好的课堂常规，让学生遵守学习规范，是为了帮助学生养成良好的学习习惯。学生的学习规范训练涉及以下几个方面。

（1）课前。上课铃声一响，学生应精神饱满地坐在座位上。起立、敬礼，整齐坐下，这些不仅是开始上课的仪式，也是师生开启课堂学习前的一次情感交流。

（2）课中。如果学生在课堂上行为懒散，其注意力一定很难集中。为使学生集中精力学习，应该要求他们坐端正，不东张西望，积极举手发言，认真听课……另外，数学教师还要想一想学生达到这些要求有什么困难，问题在哪里，应该提供什么帮助，进而制定各种规范。

（3）坐姿。坐姿也很重要。有的学生习惯于两脚乱伸、身子歪斜，半躺半坐在椅子上，无精打采。双手背后虽然对坐正听课有些作用，但容易让学生感到疲劳。所以，听讲不必将双手背在身后，学生自己选择合适又便于学习的位置将手放好即可。坐姿的规范要求是：脚放平，手放好，眼看前。

（4）拿书。课堂上，学生应该怎样拿数学书呢？总拿在手里容易疲劳，放在桌上又不利于朗读。这方面的规范应是：朗读时，双手将课本拿好，要立着放在课桌上，距眼睛一尺远；听讲及默读时，将课本翻到相应页面并平放在桌面上。

（5）举手。对于一般问题，举手发言；对于独立思考成分大、以谈个人想法为主的问题，可以抢答，畅所欲言。

（6）树立榜样。榜样的力量是无穷的，在数学课堂管理中，树立榜样相当于在班级中确立了一个坐标系，帮助他们明确努力的方向。对于模仿能力比较强的学生来说，只要在适当的时机推出适当的榜样，就能够激发他们学习的动力，让他们以积极进取的心态去学习，不断取得进步。

（7）打铁还需自身硬。数学教师进入课堂，要把90%的注意力放在学生身上，把10%的注意力放在教学方案的落实上。教师要善于用眼神表达态度,尽量不要大叫,小声训斥只可偶尔为之。教师的目光要经常接触那些魂不守舍、好动、好说的学生,可以叫他们有事可做,比如读题目、定义、定理、公式,表演几何图形的运动,或者到黑板上板书习题等,"以动制动"。

2. 适当地运用"惩戒"

惩戒不同于惩罚,适度的惩戒教育是必要的,惩戒是教育的一个重要组成部分;必要的惩戒,是一个人健康成长必不可少的营养剂。孩子从小在赞扬声中成长,固然对树立信心有好处,但他也容易禁不起挫折,不敢承担责任。初中是孩子容易犯错的人生阶段,在孩子犯错的情况下,可以对其进行适当的惩戒,但一定要尊重他们的人格,维护其自尊心。教师不能滥用惩戒手段,更不能体罚学生。

例如,数学教师可以面向全班征集惩戒措施,分类、整理、修改,汇编成班级《数学课惩罚大典》。数学教师也可以面向全体学生发放两张问卷,一张问卷内容为"当你表现好的时候,希望得到怎样的奖励",另一张问卷内容为"当你表现不好的时候,如何惩戒自己才有效"。

3. 课堂教学的层次性

初中学生的个性特点是影响学习质量的重要因素。数学教师在备课时要因人而异地设计教学环节,做到扬长避短、分类指导。数学教师要根据学生的实际情况,在课堂提问、新旧知识的迁移、新知识讲解等教学环节设计由浅入深的数学问题,拓展学生的思维能力,激发学生对数学的学习兴趣。

(1)教师的课堂提问要有层次性

在课堂提问环节,为了让全体学生都能参与,数学教师给出的问题要有层次性。

例如,在复习初中九年级数学"直角三角形"一课时,数学教师可以提问：

①直角三角形的三个内角有什么数量关系？

②直角三角形的三条边有什么数量关系？

③直角三角形的边角之间有什么数量关系？

④判定两个直角三角形全等需要添加什么条件？判定两个直角三角形相似需要添加什么条件？

先让全班学生独立思考几分钟，然后，数学教师优先让学困生回答简单的问题，把难度适中的问题留给中等生，把有难度的问题留给学优生。这样，每个层次的学生均能参与课堂活动，便于激活课堂。

（2）教师的课堂练习要有层次性

数学教师要针对不同层次的学生，采取不同的教学方法，让学生都参与课堂学习，理解并掌握数学知识。

例如，在教授"因式分解"时，数学教师可以设计如下的层次性练习题。

A卷·因式分解小练习：

（1）a^2-9b^2；　　　　　　（2）$25x^2-1$；

（3）$-1+4m^2$；　　　　　　（4）$-\dfrac{16}{9}a^2+\dfrac{81}{4}b^2$。

答案：（1）$(a+3b)(a-3b)$；

（2）$(5x+1)(5x-1)$；

（3）$(2m+1)(2m-1)$；

（4）$\left(\dfrac{9}{2}b+\dfrac{4}{3}a\right)\left(\dfrac{9}{2}b-\dfrac{4}{3}a\right)$。

（层次性设计——让学优生将题中的算式改写成a^2-b^2结构，然后让中等生进行因式分解，最后让学困生分析做题方法。）

B卷·因式分解再练习：

（1）x^2y-4y；　　　　　　（2）$-a^4+16$；

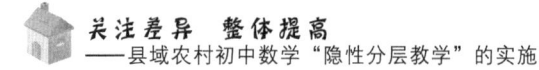

(3) a^3b-ab； (4) x^4-y^4。

答案：(1) $y(x+2)(x-2)$；

(2) $(4+a^2)(2+a)(2-a)$；

(3) $ab(a+1)(a-1)$；

(4) $(x^2+y^2)(x+y)(x-y)$。

（层次性设计——先让学优生口述解题过程，理清解题思路，再让中等生、学困生书写解题过程。）

C卷·因式分解当堂小测试：

(1) $9a^2-ab$； (2) $-1+36b^2$；

(3) $(2x+y)^2-(x+2y)^2$； (4) $a^2-\dfrac{1}{25}b^2$。

答案：(1) $a(9a-b)$；

(2) $(6b+1)(6b-1)$；

(3) $(3x+3y)(x-y)$；

(4) $\left(a+\dfrac{1}{5}b\right)\left(a-\dfrac{1}{5}b\right)$。

（层次性设计——让一名学困生上台自主选择一道小题做，再让两名中等生做指定的两道小题，然后让一名学优生做余下的小题，最后让各小组的组长进行点评。）

(3) 教师的课堂活动组织要多样化

学生读的、写的、说的活动各有哪些？它们分别涉及什么教学内容？这些教学内容对应的题目分别适合什么层次的学生解答？哪些题目适合学生独立思考？哪些题目适合小组讨论？对于这些，数学教师都要一一计划，力争让各个层次的学生都参与课堂学习活动。理想的设定是每节数学课有3名以上的学生上台展示，有5名以上的学生发言，班级内的所有学生每两周都有一次以上的课堂表现机会。

表 3-4　课堂学生表达表现的层次性登记表

周次 学生	1—2周	3—4周	5—6周	7—8周	9—10周	11—12周	13—14周	15—16周	17—18周
学生1									
学生2									
学生3									
学生4									
学生5									

备注：发言或者回答问题标注"√"，上台展示标注"○"。

（4）有效运用小组合作

自主学习、合作探究一直是初中数学课堂常用的学习模式，运用小组合作在一定程度上避免了传统教学中学生之间交流过少、教学效率低下的弊端，也有利于教师穿插"分层指导"，充分尊重学生的学习个性和能力差异。例如，在教授"等边三角形的性质"时，数学教师在教学的过程中不妨采用"做一做、想一想、问一问"的方式，组织学生进行合作学习。

第一步，自己做一个等边三角形纸片，想一想等边三角形有哪些性质，并和大家一同探讨。

第二步，在小组长的组织安排下，谈一谈自己学到了什么，并提出自己的疑惑或者心得，供大家讨论，要注意倾听和思考别人的看法。

第三步，小组选出代表，在全班汇报探究"等边三角形的性质"学习成果。

在学生进行合作学习时，教师要帮助小组长组织、协调、鼓励小组成员参与、互动，利用小组合作学习和互帮互学的形式，形成有利于全体学生协调发展的集体力量。

4. 课堂要让学生"动起来"

民族地区的初中数学教学质量整体低下，原因还是出在课堂教学上。

老教师不敢管、不想管课堂上充满青春叛逆气息的初中学生，年轻教师又找不到管好课堂上学生的方法，导致初中数学课堂教学常常是教师一个人在"疯狂"，全班学生在"寂寞"。数学教师要驾驭好自己的课堂，为学生预留充足的时间安静地思考问题，并落实师生互动、生生互动。只有想方设法让每个学生都在课堂上"动起来"，参与课堂学习，才能实现教师的"教"与学生的"学"的有效统一。

【案例】

基于"核心素养"以实物体验式教学触"动"学生数学学习兴趣的途径

为什么数学、英语、物理是县域农村初中教育三大薄弱学科？因为在这几个科目课堂上睡觉的人最多！只有让学生在初中数学课堂上"动"起来，让初中数学课堂"活"起来，初中数学课堂的教学效果才能"好"起来。

一则事例：数学教师要让学生在掌握知识要领后自己去尝试、体验、应用。

学生是学习的主人，在教学中要使学生亲身经历数学某个知识点的发现发展过程，因为体验是学生积累数学知识的重要途径。

一、教体验（什么叫数学体验）

1. 经验：生活中的归纳。

2. 体验：在实践中去亲自经历，认识事物。

3. 数学体验：在数学实践活动中认识数学，亲身经历数学活动的全过程。

4. 实物体验：在与数学知识有关的实物制作、图形演示中，体验知识形成的过程，积累数学经验。（制作、演示、经验、应用——动手、动口、动脑）

5. 作用：推理（合情推理、演绎推理）—概括—建立数学模型。

6. 过程与方法：发现问题，提出问题，分析问题，解决问题。

7. 发展学科能力：理解能力，实践应用能力，创新迁移能力。

二、体验的教学功能（体验什么）

1. 体验数学概念的形成——重在经历抽象、概括的过程。

2. 体验数学结论的产生——重在弄清问题、找到线索。

3. 体验数学问题的探究——重在抓关键、理解本质。

4. 体验数学思想方法的应用——重在感觉、触类旁通。

5. 体验数学价值——重在欣赏数学之美、数学之用。

三、体验式教学的知识融入点（如何体验）

在人教版初中数学教材中，让学生动手操作的实物体相关知识点如下：

1. 七年级上学期知识点：数轴、立体图形的展开图（圆柱、圆锥、正方体、长方体）。

2. 七年级下学期知识点：三线八角的实物模型。

3. 八年级上学期知识点：三角形的三边关系、稳定性、内角和，三角形全等判定，等腰三角形及等边三角形的边、角、三线合一、对称性、面积等。

4. 八年级下学期知识点：平行四边形、矩形、菱形、正方形的边、角、对角线、周长、面积、对称性等。

5. 九年级上学期知识点：圆的有关概念，圆的六大定理，点和圆、直线和圆、圆和圆的位置关系，三角形的内切圆和外接圆，圆内接正三角形、正四边形、正六边形的有关计算，弧长和扇形面积公式推导计算，圆柱和圆锥的侧面展开图及计算，摸球、抛硬币、掷骰子的概率问题等。

6. 九年级下学期知识点：锐角三角函数值的推导（30°、45°、60°三角板三边刻值，推导比值），小正方体堆积的三视图演示等。

总之，在初中数学教学中，只有让学生动手去折一折、动口去说一说、动耳去听一听、动脑去想一想，才能在活动中发展学生的核心素养，引导学生用数学的眼光去观察现实世界，用数学的思维去思考现实世界中的问题，用数学的语言去表达现实世界。

3.4 层次性辅导

在教学过程中，我们常说"抓两头，带中间"。"两头"指学优生和学困生，"中间"指中等生。我们在教学中要承认学生之间的差异，以学定教，因材施教，改善学困生的学习态度，提高学困生的学习兴趣，激发他们的学习潜能，让他们的数学成绩获得递进式的提高与发展。

1. 制定辅导具体目标

初中数学教师的分层教学目标必须清晰，例如：

（1）培养学优生良好的学习习惯、数学特长，提高他们的数学知识综合能力、应用能力、实验能力和创新能力。

（2）帮助中等生牢固掌握课程标准、教材所规定的知识和技能，培养他们可持续发展的学习能力和学习品质，使部分中等生上升为学优生。

（3）加强对学困生的思想教育、心理教育，转变他们的学习态度，调动他们的学习积极性，努力使他们掌握最基本的知识和技能，让部分学困生稳步发展成中等生。

2. 制订辅导计划

教师确定辅导目标后，必须设计实施方案，因材施教。

【案例】

初中数学学生分层辅导计划

我班共有58名学生。根据他们的学习态度、学习习惯、学习成绩，我把他们分为A1、A2、B2、B2、C共3个层次5个等级。

C层次学生辅导计划

在任教班级中，C层次水平的学生有12人，学习依赖性强，没有独立思考、勇于创新的意识。针对班级的实际情况，我对C层次学生进行重点辅导，做好C层次学生的转化工作，从而调动各个层次学生的学习积极性。在工作中，我对学生一视同仁，不溺爱学优生，不鄙视学困生。基于此，我制订了如下辅导计划：

一、开展家访工作。通过实地走访或与C层次学生家长电话沟通，了解C层次学生的家庭情况、学习情况，分析造成其学习困难的内因和外因，便于因势利导。同时，与C层次学生家长交流意见，争取家长对学校教学工作的支持和配合，学校和家长协同督促C层次学生学习。

二、课后多和C层次学生交谈，态度要和蔼，使他们愿意亲近老师，和老师说心里话。

三、开展互帮互学活动。充分发挥班干部的作用，采用一帮一、手拉手的模式，让A层次学生给C层次学生当小老师，利用课余时间互帮互学。为了调动C层次学生的学习积极性，还可以实行奖励机制，让他们体会到成功的快乐。

四、在批评C层次学生时，言语要恰当得体，切忌伤害他们的自尊心，不能让其他同学借此嘲笑、嫌弃他们。经常鼓励C层次学生，挖掘他们在学习和生活中的闪光点。

五、设立数学科学习进步奖。

六、利用课余时间辅导C层次学生，让其能学、会学初中阶段简单的数学知识，尽力使他们的成绩有所提高，让他们认识到"我能行"。

B层次学生辅导计划

全班有24人处在B1、B2层次。针对他们的学习水平，特制订如下辅导计划：

一、树立目标，严格要求，指出B层次学生在学习上的不足之处，采取有效措施，促使其更快地进步。

二、充分调动B层次学生的学习积极性，使其上课积极发言。

三、辅导方式以课本为主，以课外练习为辅，在基础知识、基本技能上下功夫。在夯实基础之后，发展B层次学生相关的数学能力。

四、树立榜样，打造典型，将个别数学能力突出的B层次学生调到A层次。

A层次学生辅导计划

全班有22人处在A1、A2层次，他们爱学习、会学习，思维敏捷，有钻研精神。针对这一层次学生的特点，我制订了如下辅导计划：

一、保证在课堂上不给A层次学生留任何知识盲点，让A层次学生弄懂、弄通当堂课的知识点，发现问题及时解决。

二、在解决基本题型之后，发展A层次学生的创新思维，培养他们钻研难题的精神，让他们的数学思维"活"起来、"动"起来。

三、在这一层次学生之间形成"竞争"氛围，让他们克服骄傲自满的心理，明白"三人行，必有我师"的道理。

四、发挥A层次学生的数学特长，建立兴趣小组，让这一层次学生不偏科，均衡发展。

五、利用优生资源，开展学习互助活动。通过1名A层次学生带1名B层次学生、1名C层次学生等方法，利用课余时间或晚自习时间，开展交流与合作学习互助活动，计划达到B层次学生在数学学习上得到帮助、C层次学生不放弃数学科学习、A层次学生说题解题等能力得到进一步提高的教学目标。

总体而言，初中数学教学中的学生层次性辅导要花费教师非常多的精力和时间，甚至有时候教师费尽心力，获得的教学成效也一般。即使如此，在辅导各层次学生时，教师还是不能着急上火，要有足够的耐心和毅力，以"我带蜗牛去散步"的心态去从事有难度的农村初中数学教学，把问题当成挑战，只要学生在原有基础上不断进步就行。我们只要给予学生真挚的爱、正确的诱导，因材施教，以学定教，一定会使任教班级的数学成绩在整体上有一个质的飞跃。

3. 实施层次性辅导行动

教育理论要与教学实战结合，"教学"与"研究"要相辅相成。下面是某初中数学教师实施的层次性辅导案例。

【案例】

"层次性"个体强化辅导实施活动

实施人：×××   202×年11月28日

一、问题的提出

迈入一个新的学年之后，部分学生还没有回到学习的轨道上来。在月初的学情检测中，部分学生的成绩下滑严重。因欠缺进行全面辅导、全体辅导的条件，我只能从小部分入手、层次性入手，强化个体辅导，以求整体提高学生的成绩。

二、教学策略实施

（一）明确层次性个体辅导目标

在月初的学情检测中，从A1、A2、B1、B2、C各组中筛选出数学成绩下降明显、需要个体强化辅导的学生，15—20人为宜，约占全班人数的30%。

(二) 具体活动策略操作

1. 面谈——听听学生的声音

根据筛选出的需要强化训练的各层次学生名单，逐个或者分组进行面对面交流，听听学生的心里话。

学生方××对我说："我这次月考，最后一道题的答题区被上一题占了，导致最后两道题都没有得分，才会考得这么差。"

在面谈时，我看到有个女生泪眼婆娑，知道她学习足够努力，只好一个劲地安慰她。

2. 重拿试卷——错因分析

（1）统计哪些题目是各层次学生不应该做错的，用红笔把题号圈起来；或者翻开答题卡，让学生各自查找失分点。

（2）学生标注出不会的题目，教师安排学生分层次交叉辅导。

3. 写感想，制订学习计划，确定目标

针对学情检测情况，要求学生写一篇考后感想，并阐述自己近段时间的学习状况，以及接下来的学习计划、学习目标。

4. 课内外练习针对检查

加强对部分学生的指导力度，对他们的作业实行"面批面改"。例如，在自习课时，教师可以逐个检查这部分学生的作业完成情况，或组织A1组的学生帮忙检查和辅导。

针对部分强化辅导对象，教师要加强与他们的沟通，每周至少面谈一次。面谈时，可以考查他们对近期学习的知识点的掌握情况，也可以问问他们在与同学的日常交流和生活中是否遇到了自己无法解决的问题。

5. 兵教兵、结对帮扶

将A1、A2、B1、B2、C五个层次的学生合理分成若干个学习小组，让学优生与学困生结对帮扶。学优生在帮助解答学困生遇到的难题时，也相应地巩固了所学的知识。

6. 家校合作，形成合力

为帮助学生养成良好的学习习惯，教师要定期联系学生家长，一是了解学生的家庭情况及在家表现，二是实行家校合作。

7. 考前动员，提升认识

（1）考前复习。

（2）诚信考试。

8. 考后评价

在下一次学情检测后，登记学生前后两次测验的成绩，对照分析，客观评价。

9. 写感悟，自我总结

结合前后成绩，要求学生写一篇感悟，并总结自己在这期间的进步与收获，分享有效的学习方法等。

例如，学生蒋××的感悟如下：

我的进步理由

1. 要认真听课，要多刷题；

2. 晚上或者周末回家的时候，要把不会的题弄懂；

3. 要预习一下明天的新课；

4. 要有自己的错题本。

三、个人收获与思考

1. 教育是用心的职业。教师用心和学生沟通，可以加强师生间的情感交流，逐渐激发学生的学习动力，改变学生不良的学习习惯。

2. 通过层次性针对辅导，有的学生进步了，但也有部分学生退步了。"层次性"个体强化辅导策略亟待优化，以形成有效的教学模式。

3. 加强与学生的心理沟通特别重要。

"层次性"强化辅导学生自我感悟

班级：_____　姓名：_____　组别代号：_____　时间：_____

1. 半期测试数学科总分_____，自己得分_____，不应该失分_____。

2. 不会做的题有：_____

3. 不应该错的题有：_____

_____。

4. 做错题的原因：_____

_____。

5. 回顾前半期自己的学习情况：_____

_____。

6. 后半期学习计划或者目标：_____

_____。

7. 想对老师说：_____

_____。

3.5 层次性作业设计

2021年7月，中共中央办公厅、国务院办公厅《关于进一步减轻义务教育阶段学生作业负担和校外培训负担的意见》文件下达了"双减"政策。在"双减"背景下，通过明确规定作业时间和控制校外补习，学生课业负担的绝对过重问题得到一定程度的缓解。但是，学生学习能力差异导致的学生学业质量水平差异仍然是困扰教师落实"减负"要求的难题。以分层设计、自主选择为支撑的"自助餐"式作业是"双减"目标下提高中小学生学业质量的有效方式之一，而分层作业又是其中的首选。分层作业，就是教师根据教学内容和目标设计的有层次的作业。

1. 明确初中数学作业方向

（1）作业的结构

《教育部关于加强初中学业水平考试命题工作意见》指出，提升试题科学化水平，要减少机械记忆试题和客观性试题比例，提高探究性、开放性、综合性试题比例，积极探索应用型、跨学科试题。

（2）作业设计原则

首先，作业要有针对性，指向作业目标的达成情况，反映课堂教学中的知识和数学方法；要有层次性，根据学生层次，对同一问题多角度设问；要有多样性，可以是关于数学史、数学文化的阅读作业，可以是注重各个学科知识之间联系的跨学科作业，也可以是解决实际问题的项目化作业。

其次，控制作业次数和时间。初中数学每周布置作业的次数以5次为宜，每次预设15分钟左右，各学科每周的作业次数不得超过国家课程计划规定的周课时数。

2. 分层设计

（1）分析内容

作业设计要严格依据课程标准，发挥学科育人价值，以培养学生学科核心素养为目标。对于教材、教辅资料上的习题，教师要在深入研究、认真解答后，遴选出针对性强、有延展潜质、质量较高的习题。教师自主设计的作业，要充分关注课程标准、学科核心素养、知识的拓展及创新等要素。教师要注重作业设计的规范性，不得随意降低学科课程标准要求，不得随意拔高学段和学科的教学要求，不得随意加快教学进度、提前教学，布置超标、超量、超前的作业。作业应结合教学活动、教学内容，有助于学生深刻理解所学内容，禁止将整张试卷或教辅资料作为作业。

（2）制定目标

教师要按照课标要求和课时教学目标制定可测的作业目标。

例如，人教版数学教材九年级下册"解直角三角形"作业目标分解制定如下：

课程标准对"解直角三角形"的要求是"能用锐角三角函数解直角三

角形,能用相关知识解决一些简单的实际问题"。所以,可以将本课时教学目标设定为:①能用锐角三角函数解直角三角形;②能用相关知识解决一些简单的实际问题。可以将作业目标制定为:能根据题意画出几何图形,通过图形找到直角三角形边角之间的关系,再通过计算解决实际问题。

(3) 设计作业

作业一般分为基础型作业、拓展型作业、创新型作业三类。基础型作业主要来自教材、教辅资料或由教师自主设计,难度符合绝大多数学生的认知水平,用于学生巩固当日学习内容、深化认识理解,用于教师诊断教学效果、发现教学问题、改进教学策略。拓展型作业主要来自教辅资料或由教师自主设计,其目的是满足部分学生的个性化需求。拓展型作业是在帮助学生巩固基础知识、基本能力的基础上,进一步拓展学生的思维,发展学生的学科核心素养。创新型作业主要由教师自主设计,是对前两种作业的深化和补充,具有一定的开放性,完成形式和呈现方式可以是科学探究活动记录、学习小组集体研讨成果、小论文、调查报告等。作业力求类型多样,除书面作业形式外,教师可以布置一些阅读、操作、实验、体验、拓展类作业。

3. 优化实施

(1) 分层布置

针对学情设计差异化作业。作业布置要以激发学生学习热情、维护学生学习兴趣、体现学科特点和学科育人价值为导向。要避免惩罚性、重复性作业,要取消作业布置中的一些不合理要求,如必须抄写全部题目、过度追求解题格式等。除基础型作业外,拓展型、创新型作业要为不同学习水平的学生提供可选择范围。比如,分层设置必做题和选做题,让不同层次的学生都能得到充分锻炼和发展。积极开发探究类、实践类、观察类、体验类作业,多学科融合,使作业成为拓展学生思维、提升学生实践能力的有益助手。

(2) 精准批改

教师可采取集中指导、分层指导、个别指导等方式，指导学生高质量完成课外作业。集中指导，即教师利用学生的在校时间，对一些有一定难度、较为特殊的拓展型、创新型作业，在完成方式、注意事项、过程要求等方面，面向全班学生进行针对性、引导性、规范性提示；分层指导，即教师根据作业具体要求和实际难点，对不同层次学生进行有效的指导；个别指导，即教师对于有特殊需要的学生进行一对一指导，给予学生更多的鼓励和关怀。

(3) 分层辅导

教师要在充分考量课堂教学质量及作业目标、作业要求、作业难度的基础上，对教学遗留问题进行适当弥补，提炼出本次作业的关键指导要素，做出恰当的提醒、提示、引导。教师要引导学生在完成作业的过程中拓展思维，深入理解学习内容，并鼓励学生在原习题的基础上，自主改编题型、设问或情境，以达到对学科知识的自主建构、自悟和内化，从而能灵活运用所学知识分析、解释、解决实际问题，实现学科核心素养的自我培育。

(4) 发挥作业指导的激励功能

作业指导是十分重要的缓解学生学习压力的方式，教师要对学习能力较弱、有作业焦虑的学生进行心理疏导，给予他们更多的鼓励和指导，通过调整作业设计、作业要求等方式，使他们尽可能自主地完成作业，进而树立信心、消除焦虑和恐惧。教师也可以采用同学互助方式，以强带弱，以强促弱，充分发挥同学间的帮扶作用，既营造良好的学习氛围，又培养学生关爱他人、向他人学习的优良品格。

(5) 提高作业批阅及讲评水平

①教师要端正作业批阅态度。批阅作业，判断答案的对错只是目的之一。教师认真批阅作业，一是及时对作业进行全批、全改，不能要求学生

自批自改，不能让家长批改、签字等；二是通过简明的评语，对学生进行鼓励、指导等，严禁使用具有侮辱、歧视、讽刺等含义的字眼；三是与表现优异、进步很大或问题较为突出的少数学生当面交流，抓住机会，及时给予学生鼓励、指导、批评或提醒。

②教师要提高作业批阅质量。提高作业批阅质量，要求教师对作业设计、作业目标、相关知识和素养关系有清晰的认识，在批阅中及时发现亮点和问题，并做出恰当的批语，帮助学生自我反思、自主总结，激发学生学习的内生动力。教师通过批阅作业，可以快速形成班级学生作业质量的初步印象，为反馈、讲评作业做好充分准备。高质量的作业批阅，在于及时、高效、全覆盖及归纳性。

③教师要提升作业讲评质量。作业信息反馈和讲评，是作业管理的重要环节。教师要改变作业只批不讲或只讲答案而不反馈问题的作业处理方式，要改变主次不分、就题讲题、浅层讲解、耗时低效的讲评方式。教师要做好作业基本信息统计（主要亮点、普遍问题、典型问题等），做出简要学情分析、自我教学反思，再通过集体讲评、个别指导等方式，进行有针对性、启发性、归纳性、延展性的讲评。教师要鼓励学生展示、分享有创造性的作业成果和收获。

【案例1】

"双减"背景下的初中数学层次性作业设计及批改（一）

1. 按照课标要求和课时教学目标，制定可测的作业目标。分解制定如下：

（1）课程标准要求：能用提公因式法、公式法进行因式分解。

（2）本课时教学目标：①能确定多项式中各项的公因式；②能运用平方差、完全平方公式进行因式分解。

（3）本课时可测性作业目标：①会用提公因式法进行因式分解；②会用公式法进行因式分解；③会选择合理的方法进行因式分解。

2. 课堂教学内容呈现。

人教版八年级上册"因式分解"复习巩固类题目如下：

第1题：（1）$15a^3+10a^2$；　　　　（2）$12abc-3bc^2$；

（3）$6p(p+q)-4q(p+q)$；（4）$m(a-3)+2(3-a)$。

答案：（1）$5a^2(3a+2)$；（2）$3bc(4a-3c)$；（3）$2(p+q)(3p-2q)$；（4）$(a-3)(m-2)$。

第2题：（1）$1-36b^2$；　　　　　（2）$12x-3y^2$；

（3）$0.49p^2-144$；　　　（4）$(2x+y)^2-(x+2y)^2$。

答案：（1）$(1+6b)(1-6b)$；（2）$3(4x-y^2)$；（3）$(0.7p+12)(0.7p-12)$；（4）$(3x+3y)(x-y)$。

第3题：（1）$1+10t+25t^2$；　　　（2）$m^2-14m+49$；

（3）$y^2+y+0.25$；　　　　（4）$(m+n)^2-4m(m+n)+4m^2$；

（5）$25a^2-80a+64$；　　　（6）$a^2+2a(b+c)+(b+c)^2$。

答案：（1）$(1+5t)^2$；（2）$(m-7)^2$；（3）$(y+0.5)^2$；（4）$(m+n-2m)^2$；（5）$(5a-8)^2$；（6）$(a+b+c)^2$。

3. 作业布置。

针对不同层次的学生，设计不同难度的作业，如表1所示。

表1　分类分层布置作业

完成对象	作业内容	题型	题量、时长	设计意图
A1、A2层次	第1题（3）（4） 第2题（3）（4） 第3题（5）（6）	解答题	共计6个小题，大约6分钟	考查学生对提公因式法、运用公式法因式分解的掌握情况（出现多项式时）
B1、B2层次	第1题（3）（4） 第2题（3）（4） 第3题（3）（4）	解答题	共计6个小题，大约7分钟	考查学生对提公因式法、运用公式法因式分解的掌握情况（个别因式是多项式时）

续表

完成对象	作业内容	题型	题量、时长	设计意图
C层次	第1题（1）（2） 第2题（1）（2） 第3题（1）（2）	解答题	共计6个小题，大约8分钟	考查学生对直接提公因式法、直接运用公式法因式分解的掌握情况

4. 作业批改情况记录。

教师及时批改各个层次学生的作业，并做好记录，如表2所示。

表2 各个层次学生作业批改情况登记

作业评价与改进				
完成对象	完成情况	亮点	不足	改进
A1、A2层次	组长收齐上交	整体整洁，正确率高	个别学生潦草	姜××作业潦草，要求重写
B1、B2层次	组长收齐上交	大部分学生的解题步骤在2步以上	个别学生没有分解步骤	公式法因式分解要求2步以上
C层次	组长收齐上交	没有出现大面积雷同	大部分学生不会	询问同学后修改

5. 教学反思。

针对大部分学生在作业中出现的问题，教师在课堂上集中讲解；针对个别学生在作业中出现的问题，教师在课后一对一指导。

【案例2】

"双减"背景下的初中数学层次性作业设计及批改（二）

1. 按照课标要求和课时教学目标，制定可测的作业目标。分解制定如下：

（1）课程标准要求：①掌握等式的基本性质；②能解可化为一元一次方程的分式方程。

（2）本课时教学目标：①能确定所有分式中分母的最小公倍数；②能

把分式方程去分母化成整式方程。

（3）本课时可测性作业目标：①会确定分式方程中所有分母的最小公倍数；②能把分式方程去分母化成整式方程；③会判定分式方程的根。

2. 课堂教学内容呈现。

人教版八年级上册"解分式方程"复习巩固类题目如下：

第1题·解下列方程：

（1）$\dfrac{2x+1}{x^2+x}=\dfrac{5}{6x+6}$；　　　　（2）$\dfrac{3}{2}-\dfrac{1}{3x-1}=\dfrac{5}{6x-2}$。

答案：（1）$x=-\dfrac{6}{7}$；（2）$x=\dfrac{10}{9}$。

第2题·解方程求 x 的值：

（1）$\dfrac{1}{x-1}+a=1$（a 不等于1）；　　（2）$\dfrac{m}{x}-\dfrac{1}{x+1}=0$（$m$ 不等于0和1）。

答案：（1）$x=\dfrac{a-2}{a-1}$；（2）$x=-\dfrac{m}{m-1}$。

3. 作业布置。

根据学生的知识水平，设计不同难度的作业。学优生要学会解除未知数外还含有其他字母的方程，拓展自己的能力水平。

表1　不同学生不同作业布置表

完成对象	作业内容	题型	题量、时长	设计意图
A1、A2层次	第2题（1）（2）小题	计算题	共计2个小题，大约8分钟	提高要求，由解一个未知数分式方程，过渡到解含有其他字母参数的分式方程，提升计算能力
B1、B2层次	第1题（1）小题和第2题（1）小题	计算题	共计2个小题，大约8分钟	适当提高要求，由解一个未知数分式方程，过渡到解含有其他字母参数的分式方程，提升计算能力
C层次	第1题（1）（2）小题	计算题	共计2个小题，大约8分钟	最低要求，会解一个未知数分式方程

4. 作业批改情况记录。

收集批改层次性作业的数据，如表2所示。

表2 层次性作业批改登记表

作业评价与改进				
完成对象	完成情况	亮点	不足	改进要求
A1、A2层次	组长收齐上交	整体整洁，正确率高	个别学生没有写出检验步骤	增加检验步骤和因式分解步骤
完成对象	完成情况	亮点	不足	改进要求
B1、B2层次	组长收齐上交	有些学生反复在修改	个别学生没有写出检验步骤和因式分解步骤	增加因式分解步骤
C层次	组长收齐上交	没有出现大面积雷同	大部分学生不会	询问同学后修改

5. 学生反馈。

学生A感悟：今天数学老师布置的作业非常好，每个层次的作业不同，且大家都有会做的题，避免了大部分同学互相抄袭的情况发生。

建议：A1、A2、B1、B2、C层次的作业更具有针对性。

学生B感悟：我还想挑战其他层次的作业。

建议：A1层次的作业还要增加难度，难度趋近中考压轴题。

6. 教学反思。

(1) 分层设计。因材施教原则应该贯穿教育教学全过程，不仅要体现在课堂教学环节，而且要体现在作业设计环节。分层设计是促使作业"弹性化""个性化"的关键。根据不同层次学生的实际情况，教师可以将作业分为不同层级，让各层次的学生都能"吃得了、吃得饱"，使不同层次的学生通过完成作业获得进步与成长。

(2) 分层批改。对于A层次学生，教师不能只满足于他们将作业全做对，要指导学生进一步思考其他解题方法，寻找更优解法。对于B层次学生，教师不能只要求他们订正错题，还要督促他们找到错误的原因，防止类似错误再次发生。对于 C 层次学生，教师的作业批语要尽量写得详细，最好"面批面改"，指出学生的具体错误，帮助学生弄清楚自己的问题是概念性错误、知识性错误，还是解题方法性错误、答题规范性错误等。教师在督促学生订正错误的同时，要找一些难度系数接近的题目，进行变式训练，帮助学生强化巩固所学知识。

【案例3】
层次性作业设计及评价研究

一、问题症结

数学作业是初中数学教学中的重要环节，是教师了解教学效果和学生学习情况的重要手段。

但是，学生成绩个体差距较大，基础参差不齐，如果设计的作业不能让不同水平的学生在数学方面得到相应的发展，很容易丧失学生做作业的积极性和主动性。例如，对全班学生布置相同的书面作业，如果作业太容易，基础好的学生一会儿就完成了，没有挑战性，而且会给基础差的学生造成心理压力；如果作业难度大，基础好、有能力的学生积极思考解题良策，基础差的学生却对这些题目无从下手，不仅提升不了数学成绩，白花了时间和精力，久而久之，还可能对数学失去兴趣。

人与人之间是有差异的，学生受智力因素、知识水平等影响，学习数学知识、解答数学习题的能力是不同的。数学新课程标准指出——人人学有价值的数学；人人都能获得必需的数学；不同的人在数学上得到不同的发展。因此，我们不能按同一要求、同一标准来布置作业，要根据学生的具体差异，布置有层次性的作业，对不同层次的学生有不同的要求和评价标准。

二、策略实施，实践运用

针对学生学习两极分化严重的情况，结合教学的高效性，我主要从以下几个方面进行作业实践操作。

1. 作业量的分层

对课堂知识接受能力较强、学习态度认真的学生，可以适当减少基础性作业量，增加趣味性或强思维性的高难度作业，反之则增加基础性、综合性、趣味性的作业，让学优生有时间学习其他科目，中等生的思维得到拓展，学困生巩固了课堂知识。另外，可以适当增加开放类型的作业，如口答式作业，由教师当堂检查教学质量，结合学生的实际情况因材施教。

例如，人教版八年级上册"完全平方公式"作业套餐A：

（1）若 $(x+3)^2=x^2+ax+9$，则 a 的值为（　　）。

A. 3　　　　B. -3　　　　C. 6　　　　D. -6

（2）计算：$(-a+2b)^2$ 的结果是（　　）。

A. $-a+4ab+b^2$　B. $a^2-4ab+4b^2$　C. $-a^2-4ab+b^2$　D. $a^2-2ab+b^2$

（3）下列添括号错误的是（　　）。

A. $-x+5=-(x+5)$　　　　　　B. $-7m-2n=-(7m+n)$

C. $a^2-3=+(a^2-3)$　　　　　D. $2x-y=-(y-2x)$

（4）计算：

① $(4+5p)^2$　　　　　　　　② 201^2

（5）计算：$99\times101=(100-\underline{\quad})(100+\underline{\quad})$。

答案：（1）C。（2）B。（3）B。（4）① $16+40p+25p^2$；② 40401。（5）1；1。

套餐B：

（1）若 $a^2+b^2=10$，$ab=2$，则 $(a+b)^2$ 的值是_____。

（2）若 $a-3b=2$，则代数式 $8-a+3b$ 的值是_____。

（3）计算：$(x+2)^2-x(x-1)$。

（4）计算：$(a+b-c)^2$。

答案：（1）14；（2）6；（3）$5x+4$；（4）$a^2+2ab+b^2-2ac-2bc+c^2$。

作业评价：本次作业的完成情况总体较好。套餐A题型较多且题量较大,但题目难度一般;套餐B题量较少,着重考查学生对完全平方公式的应用能力。套餐A适合单元考试成绩在60分以下、基础较差的学生做,套餐B适合基础较好的学生完成。这样可以让基础较差的学生得到更多练习,还能激发他们的上进心;同时,基础较好的学生能借此锻炼思维能力。

学生方面:

学生1:我完成的是A套餐,对本次作业的完成情况很满意,因为以前不会做的或者做错的题型在本次作业中能顺利完成了,以前不会就乱做或者抄袭别人的,其实我们也不想这样!

学生2:我完成的是B套餐。我想对老师说,这次作业的题目非常适合我的知识水平,希望以后的题目可以再增加点难度,帮助我巩固完全平方和平方差公式的知识。

2. 作业难度的分层

在实施课堂教学时,教师要明确每位学生的基础,着手学优生的发展、中等生的基础巩固、学困生的攻破知识点三个目标,要求不同能力的学生努力完成自己的目标,并向高层次目标发展。按照每一个季度的统测,我把我班学生分成了A、B、C三个层次,A层次有15人,B层次有20人,C层次有20人。我面向学生分组分层指定作业,以满足不同学生的发展需求。

例如,人教版八年级上册"分式方程"A层次必做题:

(1) 下列方程中是分式方程的是(　　)。

A. $\dfrac{2}{x+1}=\dfrac{5}{x-3}$ 　　　　B. $\dfrac{3y-1}{2}=\dfrac{y+5}{6}-2$

C. $2x^2+\dfrac{1}{2}x-3=0$ 　　　　D. $2x-5=\dfrac{8x+1}{7}$

(2) 若分式 $\dfrac{x-3}{x+4}$ 的值为0,则 x 的值为(　　)。

A. 3　　　　B. 0　　　　C. -3　　　　D. -4

(3) 关于 x 的方程 $\dfrac{2ax+3}{a-x}=\dfrac{3}{4}$ 的解为 $x=1$,则 a 应取值(　　)。

A. 1　　　　B. 3　　　　C. -1　　　　D. -3

（4）把分式方程 $\dfrac{2}{x+4}=\dfrac{1}{x}$ 转化为一元一次方程时，方程两边须同时乘以（　　）。

A. x　　　　B. $2x$　　　　C. $x+4$　　　　D. $x(x+4)$

（5）若 $\dfrac{2x-4}{4-x}$ 与 $\dfrac{x-4}{5-x}$ 互为倒数，则 x 的值是（　　）。

A. 0　　　　B. 1　　　　C. -1　　　　D. $\dfrac{1}{2}$

（6）要使 $\dfrac{3}{x}$ 与 $\dfrac{6}{x-1}$ 互为相反数，则 x 的值为（　　）。

A. $\dfrac{1}{3}$　　　　B. $-\dfrac{1}{3}$　　　　C. 1　　　　D. -1

答案：（1）A；（2）A；（3）B；（4）D；（5）C；（6）A。

B 层次选做题：

（1）若关于 x 的分式方程 $\dfrac{x}{x-1}+1=\dfrac{m}{1-x}$ 有增根，写出求 m 值的过程。

（2）若题（1）中关于 x 的分式方程无解，写出求 m 值的过程。

答案：（1）$m=-1$；（2）$m=-1$。

C 层次能力提高题：

甲、乙两座城市的中心火车站 A、B 两站相距 360km。一列动车与一列特快列车分别从 A、B 两站同时出发，相向而行，动车的平均速度比特快列车快 54km/h。当动车到达 B 站时，特快列车恰好到达距离 A 站 135km 处的 C 站。求动车和特快列车的平均速度各是多少。

答案：解：设特快列车的平均速度为 $x$km/h，则动车的平均速度为 $(x+54)$km/h，由题意得：

$$\dfrac{360}{x+54}=\dfrac{360-135}{x}。$$

解得 $x=90$。

经检验 $x=90$ 是这个分式方程的解，所以 $x+54=144$。

特快列车的平均速度为 90km/h，动车的平均速度为 144km/h。

作业评价：这三类题目，必做题是基础题，要求每位学生都会做，即 A、B、C 三个层次的学生都要完成。选做题针对的是中等生和学优生，是连接中等生和学优生的题型，帮助他们实现自我提高或巩固基础。能力提高题可以进一步拓展学优生的思维和知识面，并激发他们的求胜心理。

通过本次作业，C 层次的学生已经能够达成他们的学习目标，数学成绩得到了提升；B 层次的学生则夯实了基础，数学思维也有所发展；A 层次的学生在解答能力提高题时，积极运用所学知识，举一反三，突破了书本的局限性，将数学知识落到实处。

学生评价：

学生1：我忘记了分式方程还需要"检验"的步骤。

学生2：作为中上等的学生，我选做了能力提高题，居然不会！后来和其他同学讨论，我终于做出来了，很高兴！我以后要多练习分式方程应用题，不然忘记了。

学生3：解方程时，我搞不懂"增根"和"无解"的区别；应用题中，我再一次练习了"找相等关系"列方程的关键问题。

3. 作业完成时间分层

数学课程中容易出现两极分化，对于同一道题，基础较好的学生反应较快，容易着手，而基础较差的学生需要一定的时间对题目进行理解和分析。例如，2016—2017 期末文化水平测试卷，A 层次的学生完成得非常快；B 层次的学生需要花费一些时间去思考和琢磨，完成得比较慢；C 层次的学生在规定时间内完成基础题目已非常吃力。因此，无论是上课还是测验，我们都要多留一些时间给基础较差的学生。在布置作业时，可以根据学生的能力差异，为他们设定不同的作业完成进度。

例如，人教版八年级上册"等腰三角形的判定"作业题：

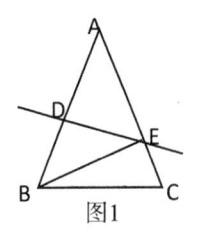

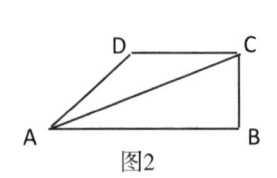

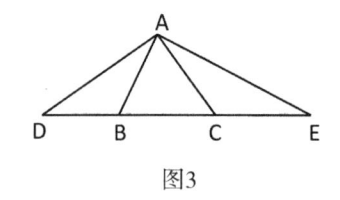

(1) 如图1，△ABC 中，$AB=AC$，DE 是 AB 的中垂线，△BCE 的周长为10，$BC=4$，则 AB 的长为 _____。

(2) 如图2，$AB/\!/CD$，AC 平分 $\angle DAB$，若 $\angle D=140°$，则 $\angle DCA=$ _____。

(3) 如图3，在 △ABC 中，$\angle ABC=62°$，$\angle ACB=56°$，D、C、B、E 在一条直线上，且 $DB=AB$，$CE=AC$，则 $\angle E=$ _____，$\angle D=$ _____，$\angle DAE=$ _____。

答案：(1) 6；(2) 20°；(3) 28°，31°，121°。

A、B、C 三层次作业完成时间设计：A 层次限时 3 分钟，B 层次限时 5 分钟，C 层次限时 7 分钟。

几何问题的难度都比较大，如果找不到解题思路，就需要花费较多的时间来分析和考虑问题。这对于 B、C 层次的学生来说是巨大的考验。为了让每个学生都能独立完成作业，我把作业的完成时间做了调整。

对于基础好的学生，在他们掌握书本内容后，教师要有针对性地布置一些有深度或综合性强的作业，充分挖掘他们的学习潜力。对于基础一般的学生，在基础性作业中，可以适当穿插一些稍有难度的题目。而对于基础差的学生，重点在于通过基础性作业，帮助他们建立学习数学的信心，增强学习数学的兴趣，从而提高他们的数学成绩。

【案例4】

初中数学层次性作业设计
——写一写我的错题故事

为了创新作业形式，避免学生互相抄袭作业，加强师生沟通，准确掌握学生的学情,教师可以安排学生写一写错题故事。

"数学错题故事"写作是指学生运用文字语言、符号语言和图形语言,对错题再次进行反思与总结。

例如,针对试卷讲评,教师可以布置一道课外习题。

题目:我与第××道题的错题故事。

要求:选择一道有"故事"的错题,写写你的感想;至少三个段落,写清是什么题,为什么错了,如何改正及自己的认识。

下午,学生按照要求,分组分层上交了作业。

C组一学生写道:本次测验中,解答题的第一个计算题,我把$(3.14-π)^0$的结果错写成了0,正确答案是1,因为$3^2÷3^2=3^0=1$。下次再考这类型的题,我一定不会错了。

B组一学生写道:我与第22题(1)的故事——这是一道几个正方体组合而成的三视图知识考题,我遇到了好久不见的朋友:表面积和体积!自从上了初中,我好像再也没有与它们联系了。所以,今天考到这个知识点,我就懵了,一个字也答不出来。"温故而知新",经历这次考试,我要多加复习低年级知识,只有这样,才能更有信心地面对中考。

A组一学生写道:我的错题是第20题。题目要求计算结果只保留整数,而我的答案是136.68米,所以被扣分了。我没有认真审题,不然这次考试就是满分了,我一定吸取这次的教训。

"数学错题故事"写作是培育数学核心素养的重要抓手。"数学错题故事"写作是一种探究性作业,它既能发展学生的创新思维,又能减轻学生不合理的作业负担。它让学生从对问题的剖析、研究中,将所思所想以写画形式表达出来,有利于促进学生数学思维的发展。对于"数学错题故事"写作,教师也感悟颇多:

教师1:写作"数学错题故事"促进了师生交流,激发了学生的学习兴趣,提高了学生的数学成绩。

教师2:《义务教育数学课程标准(2022年版)》中提出的"三会"

数学素养在"数学错题故事"写作中得到了较好的体现。

教师3：写作"数学错题故事"比机械重复的做题训练好，让不同层次的学生都有不同的写作对象，有利于教师调整教学策略，改进教学方式，有利于培养学生的数学素养，有利于提升学生的数学成绩。

教师4：写作"数学错题故事"有利于学生深入地感悟数学、思考数学、应用数学、表达数学、积累数学经验。

《义务教育数学课程标准（2022年版）》提出，评价不仅要关注学生数学学习的结果，还要关注学生数学学习的过程，激励学生学习，改进教师教学。"数学错题故事"写作恰好能让教师关注到不同层次学生的学习过程，特别是学生模糊的认知过程；能透过"错题"和教师点评，激发学生学习数学的兴趣；能培育学生回顾与反思的习惯，明白"失败是成功之母"。

3.6 层次性评价

评价是教学环节中的重要一环，科学评价有助于学生了解自身实际水平，从而反思学习过程中的问题，为进一步学习打下良好的基础。评价既要关注结果，也要关注过程，从而激励学生的学、改进教师的教。

1. 对不同层次学生使用不同的评价标准

对待不同层次的学生，教师要采用不同的评价标准。对于数学成绩优秀的学生，教师可以采用竞争性评价，坚持高标准、严要求，促使他们不断超越自我；对中等生宜采用激励性评价，指出他们的不足，点明他们努力的方向；对学困生则宜采取表扬性评价，寻找他们的闪光点，肯定他们的微小进步，激发他们的学习积极性。

【案例1】

学生"层次性评价"奖励试行方案

为了完善教育质量评价与质量奖励办法，让不同层次的学生获得相应的发展，让不同层次的学生都能在数学学习中体验到成功带来的喜悦，特制定学生学习成绩奖励方案：

一、单元测验、月考、半期考试

1. 分别评选出 A1、A2、B1、B2、C 组的第一名；
2. 奖励各组第一名 1—2 元的学习用品或者生活用品；
3. 组织学生在班级讲台上领奖、合影。

二、期末考试

根据学生的最近发展区，教师为每位学生设置数学期末考试目标分，达标者每人奖励 3 元左右的学习用品或者生活用品。

×××班数学课题实验组
××××年×月

【案例2】

谢谢我的数学老师

谢谢数学老师发给我的奖品——一本作业本，老师还认真地在作业本上帮我写上了学校、班级和姓名。这是我上学以来第一次获得老师的奖励，因为我在历次数学考试中从来没有考过超 30 分的成绩，这次虽然也没超过 30 分，只考了 28 分，却是我们小组的第一名。我不会忘记这次的奖励。谢谢您，我的数学老师！

学生×××
2020 年 9 月

层次性的奖励让各个层次的学生都体会到了成功的快乐。教师切忌"唯分数"评价学生，不要忽视了对学生思想品德、身心健康、能力素质等成长重要因素的培养，要让学生德智体美劳全面发展。

2. 关注过程性评价，看见其生长

一切事物都是运动发展的，教师要有效运用动态评价、纵向评价和综合性评价，根据情况对学生进行有效的过程性评价。

（1）关注每一次活动的过程性评价，看见不同层次学生的成长轨迹

教师可以设计数学作业批改记录表、周末课外练习检查记录表、数学概念口头测试记录表等，每一次数学活动，都将学生的表现记录下来。这些表格记录着学生一周、一月、一学期的过程性学习情况。每个学期期中，教师还可以开展优秀作业展示活动，从不同的组别里选出优秀作业，组织学生交流分享不同层次优秀作业的共同特点，以及写作业时的注意事项，在大家心里种下优秀作业的种子。

以上过程性评价的"过程"是相对于"结果"而言的，并非只关注过程而忽略结果。在教学过程中，教师要关注学生每一次智能发展的过程性结果，如思考问题的过程、解决现实问题的能力、动手实践的能力等，并涉及学生的毅力，及时对学生每一次的学习质量水平做出判断，肯定成绩，找出问题。

（2）关注每一个学生的个体性评价，帮助其健康成长

我们尝试为每个学生制作电子档案袋，记录下学生在学校的课堂表现、运动会精彩瞬间、社会实践活动情况等成长足迹。

学生从被动接受单一管理者的评价，逐步转向主动介入参与和互动、自评和他评相结合的评价。对某一个体的评价，可以是班主任、任课教师、同学、家长进行的评价，也可以包括学生自我评价。这样，传统的被评价者成了评价主体中的一员，在平等、民主的互动中关注自身的发展需要。

3.7 层次性小组管理

如何管理不同层次的学生，才能有序、有效地促进学生成长，提高教师的教学效率呢？

1. 落实结构化有序管理

（1）小组结构要分明

教师实施初中数学隐性分层教学时，可以把班级学生分成几个小组，每组选定一个小组长，每组成员都有编号，便于管理。例如，可以把班级学生分成 A、B、C 三个层次，A 层次又可以分为 A1、A2 两个组，A1 组里的学生代号分别是 A1-1、A1-2、A1-3、A1-4、A1-5、A1-6、A1-7、A1-8、A1-9、A1-10 等，其他组以此类推。学生要记得自己的组别和代号，组长要记得自己小组里所有成员的编号。

（2）建立过程性评价登记表

分组后，教师要制作隐性分层教学用表，做好教学的过程性数据收集。例如，收集登记每次数学小测试的数据；登记平时数学作业面批面改的等次，以及每个周末学生的数学任务完成情况；记录每次数学作业批改中的问题；等等。课堂教学要基于数据分析来开展，因此，教师要客观公正地评价学生，帮助学生健康成长。

（3）建立课堂发言展示登记表

教师在教学时要关注到每一位学生。为了使课堂教学更具有针对性，教师可以根据分层教学用表，制作一张课堂发言展示交流登记表，为有针对性地进行个体提问或者叫学生上台作答提供参考。在课前，教师可以有针对性地预设要提问哪个层次的哪些学生，并记录在登记表中。当然，教师也可以在课堂上临时生成新的问题，随机叫个别学生回答。下课之后，教师要及时在登记表上备注相关情况。

2. 有效组织教学活动

（1）作业、课外练习管理

实施分层教学，学生除了在作业本上书写学校名、班级名、姓名外，还需要书写自己的组别和代号。小组长在收取组员的作业时，需要将作业按照组内序号有序排列，然后交给课代表。这样，教师在批阅作业时，能更快地在分层教学登记表上收集、填写数据。这也方便了教师组织不同小组互批互改作业。

（2）小测试管理

每次的班级小测试，学生不仅要在试卷上写好自己的姓名，还要写上自己的组别、代号。这样做，一是方便教师在改卷后登记学生的分数，二是便于教师做试卷分析，从而以学定教、因材施教。

（3）利用"传帮带"一对一结对帮扶开展学习互助活动

教师要充分利用学优生的资源，让1名学优生帮扶1名学困生，利用课余时间或晚自习开展学习互助活动。

（4）建立学习小组，落实学习任务

在层次性组别下实施分组分层活动。例如，将班级学生分成6—8个学习小组，每个学习小组必须包含A1、A2、B1、B2、C1、C2等各个层次的学生，每个小组选出组长，制定组规，确定小组名称、组歌等。小组成员可以在学习上、生活上互帮互助，分享学习心得，通过谈心沟通的方式来减轻学习压力等；教师可以实行小组积分评比制度，激励各个小组团结协作、奋力拼搏。

3. 因人而异，动态调整

学生的层次、组别不是一成不变的，每隔半学期或者一学期，教师就要对部分学生进行动态调整。动态调整，是为了优化小组结构，更好地实施分层教学。有的学生学习有进步了，需要往更高层次发展；有的学生经常生病住院，导致学习非常吃力，则需要下调到学习压力较小的组别。

4. 设置小组目标管理

目标管理具有导向作用、激励作用和凝聚作用。在进行由年级或者学校组织的考试之前，教师可以给各个层次的学生制定不同的分数目标，就像摘苹果一样，让其"跳一跳才可摘到"，激发学生的学习内驱力。对于达标的学生，教师可以为他们准备一些学习用品之类的奖励。

关注差异，促其成长。提升农村初中数学教学质量，需要在课堂内外下功夫。有效的小组分层教学组织和管理对实施初中数学"隐性分层教学"有助推作用，良好的层次性小组管理方式是保证教学质量的前提。

3.8 分层教学学生心理认知及干预

初中数学隐性分层教学有利于学生在互帮互助中成长，有利于数学课程的开发和利用，有利于数学教师提高教学效率，使不同层次的学生在各自的"最近发展区"内得到充分的发展。可是，任何教学模式都有其优势和不足，隐性分层教学也不例外，所以，及时了解分层教学对学生心理认知状况的影响，并实时干预不良影响，是初中数学隐性分层教学的重要研究内容。

1. 收集分层教学学生心理认知的数据

（1）访谈

这是教师获得学生认知的最直接的方法。教师选择适当的场所，与学生一对一沟通，询问其对班级学生分层的认识；然后，与学习小组的组长或者班干部沟通，让他们收集同学们对隐性分层教学的意见和建议。教师也要和任教班级的班主任进行沟通，听取班主任对教学实施过程的看法和建议，不断优化和改进教学方式。

（2）心灵寄语

教师可以让学生用文字阐述自己对分层教学的看法，比如书写"数学老师，我想对你说"或者"升（降）组感悟条"等。

升降组个体学生感悟条

（班级：_____　日期：_____）

由于上期的学习表现_____，本期由_____组升（降）到_____组；

自我感悟：_____

_____；

本期的学习想法或者目标：_____。

（3）问卷调查

实施班级数学隐性分层教学一个学期后，教师可以制作一份问卷，让学生匿名填写，收集学生关于这种教学模式认知情况的数据。

以下是某班级数学科实施隐性分层教学一个学期之后，针对学生心理认知情况的问卷调查表：

民族地区初中数学"隐性分层教学"的实践研究
学生心理认知问卷调查

首语：亲爱的同学们，大家好！本调查问卷可以帮助教师及时了解同学们在初中数学学习过程中的一些实际情况及存在的问题，便于教师在分层教学研究中，针对不同层次的学生设计相应的教学内容、作业等，从而达到提高学生数学学业成绩的目的。本调查结果仅为教师教学研究提供参考，不会对你们个人的学习及生活产生任何不利的影响，希望同学们能如实填写。谢谢合作！

1. 你小学升初中的数学成绩（　　）。

　A. 良好　　　　B. 一般　　　　C. 差

2. 进入初中后，在班级数学学习中，你被分在什么层次？（　　）。

A. A 组　　　　B. B 组　　　　C. C 组

3. 分在这个层次，你感到满意吗?（　　）。

A. 满意　　　　B. 一般　　　　C. 不满意

4. 分层后，你的成绩是否有进步?（　　）。

A. 有　　　　　B. 保持　　　　C. 没有

5. 分层后，你的学习压力大吗?（　　）。

A. 压力大　　　B. 一般　　　　C. 没有

6. 分层后，你的自尊心受到负面影响了吗?（　　）。

A. 有　　　　　B. 没有

7. 分层后，你的自信心受到负面影响了吗?（　　）。

A. 有　　　　　B. 没有

8. 分层是否有教师歧视你的感觉?（　　）。

A. 有　　　　　B. 没有

9. 分层是否有其他同学歧视你的感觉?（　　）。

A. 有　　　　　B. 没有

10. 分层是否有利于树立数学科学习榜样?（　　）。

A. 有　　　　　B. 没有

11. 你在所属的层次里有成功的体验吗?（　　）。

A. 有　　　　　B. 没有

12. 你赞成数学老师分层次布置作业吗?（　　）。

A. 赞成　　　　B. 不赞成

13. 你赞成数学老师分层次布置预习任务吗?（　　）。

A. 赞成　　　　B. 不赞成

14. 你赞成数学老师分层次制定考试分数目标吗?（　　）。

A. 赞成　　　　B. 不赞成

15. 经过一个学期的学习，你的层次（　　）。

A. 上升了　　　B. 下降了　　　C. 保持不变

16. 你在组别层次里感到快乐吗？（　　　）。

A. 快乐　　　　B. 不快乐

17. 不快乐的原因是什么？_____

18. 你对数学科分层教学有什么建议？_____

_____

2. 分层教学对学生心理认知情况的影响

（1）对较高层次学生的心理影响

①期望值过高

层次较高的学生在班级中处于领先地位，害怕落后，所以学习负担重，容易产生厌学情绪。

②紧张焦虑

学习压力大会使学生时刻处于高度紧张状态，认知水平失常，出现头晕、失眠等情况。

③高分优越

层次较高的学生容易骄傲、自满，这不利于他们的发展，也会影响同学间的感情。

④心理承受能力弱

层次较高的学生一般自尊心较强，受不得打击，成绩退步带来的挫败感会严重影响他们的自信心。

（2）对中等生的心理影响

教师在日常的教育教学工作中，一般采取"抓两头、带中间"的教学模式，这样的教学模式容易造成"忙两头、丢中间"的结果。中等生由于长期缺乏教师应有的关心、帮助，在集体生活中也缺乏唱"主角"的机会，加上年龄限制下对自我认识不充分，容易形成精神欲求不足的心理状态。

（3）对较低层次学生的心理影响

该层次学生大多数为学困生，分层容易使他们产生歧视感、遗弃感、失落感。

3. 对学生的不良心理认知进行干预

教学中的分层组织和管理会对学生造成一定的心理影响，因此遭到不少人的反对和批评。对于这个问题，我们要辩证地分析。既然学生之间的差异是客观存在的事实，教师就不应该回避，反而更要做好差异教学。即认识学生的差异，采取差异化教学，缩小学生之间的差异。

（1）做好各个层次学生的思想工作，加强交流和沟通

教师每周至少要与两名以上的学生谈话交流，了解并分析各个层次学生在学习上存在困难的原因。教师事先要讲清楚分层的目的和意义，让学生正确认识自己，积极配合教师和学校的工作。教师要根据学生的心理发展水平进行思想教育，帮助他们树立正确的学习观和价值观，要让学生认识到教学只有符合他们的现有发展水平，才能使他们处于积极的智力活动中，真正成为教学的主体，形成自我教育、自我发展的内在机制。

（2）做好学生家访工作

家访工作主要面向中等生和学困生。县城初中的绝大多数学生来自农村或边远山区，家长大多外出务工，为了解学生的家庭情况，与学生家长交流意见，争取到学生家长对学校教学工作的支持和配合，教师要经常家访或与学生家长电话联系。

（3）对高层次学生进行困难教育

教师要有针对性地为学优生设置难题，让他们遭遇困难、遭遇挫折、经受磨炼。当然，设置的难题既要讲究全面性，又要讲究科学性。另外，教师要积极与学优生交流谈心，谈学习、谈生活、谈未来，帮助他们放下思想包袱，使他们集中精力努力学习。

（4）课堂上多创造给中等生、学困生回答问题的机会

对于课堂上遇到的较复杂的问题，教师可以让学优生来解答，用学优生的学习思维、学习方法来影响中等生和学困生；对于课堂上遇到的一些

较简单的问题，教师可以鼓励中等生和学困生来回答，让他们体验成功的喜悦，逐步培养学习兴趣，增强学习主动性和自信心。教师在教学中，必须全面准确地了解每个学生的状况，根据他们各自的学习基础、学习习惯以及学习能力，在紧扣教材的前提下因材施教，促使每个学生在原有基础上有所提高。

（5）采取有效措施转化后进生

教师要了解后进生、尊重后进生，对后进生有信心，思想上不歧视，感情上不厌恶，态度上不粗暴。转化后进生宜采取的有效措施是：低起点，小步子，一点点引导，一步步向前，积小胜为大胜，让学生看到希望，对学生的每一点进步要及时给予肯定，提高他们的学习兴趣。

（6）正确分层，多元评价

分层要在动态中进行，灵活把握，做到显性分层和隐性分层相结合，教师意见和学生意见相结合。一般情况下，对于处在高层次和部分处在中间层次的学生宜采用显性分层，在班上公布这部分学生所处的层次；对于部分处在中间层次和处在低层次的学生则采用隐性分层，尊重学生的意见，他们所处的层次只有老师和学生本人知道，待他们提升到一个较高的层次时，再实行显性分层。教师要切实认识到学生能力的多元化，切忌以成绩论好坏。对学生采取多元评价认识是教师在深刻认识到学生能力多元化后宜践行的教育方针。教师在教学中只有摆脱了"分数第一"的思想，才能真正实现科学分层教学、多元化评价。

【案例】

民族地区初中数学"隐性分层教学"的实践研究
问卷调查分析报告

课堂教学是学生在教师的引导下主动参与、自主发现与探究、独立思考和不断创新的过程。为避免在教学上走弯路，我们数学备课组这两年来都在不断地探究与发掘，力争通过隐性分层教学模式去真正实现"以学生为中心"的课改宗旨,提高数学教学效率。为了更好地服务于课题研究,为下一步的发展做好参考依据,现对课题实验班的学生开展问卷调查。问卷调查具体情况如下:

一、调查背景

课题组根据 2022 年版义务教育初中数学课程标准的课程目标要求,紧扣"以学生发展为中心",以课题组前期在数学科目教育教学中实施的"隐性分层教学"阶段成果为依据,以核心素养为导向,帮助学生获得数学基础知识、基本技能、基本思想和基本活动经验,培养学生运用数学知识与方法发现、提出、分析和解决问题的能力,引导学生形成正确的情感、态度和价值观。同时,课题组成员要多层次、多方位地达到有效实施"隐性分层教学"的目的,在数学教学中充分地体现"隐性分层教学"的有效价值和作用,从根本上提高数学教学效率。

二、调查目的

1. 更好地了解学生对数学"隐性分层教学"的认知和看法。

2. 针对"隐性分层教学"多方面的实施情况,进行全面的回顾和深刻的反思;针对实践中出现的问题,找出相应的解决方案,并进一步整合和制定出更适合学生学习的策略,为下一阶段的实施做好相应的计划和安排。

三、调查时间、对象和内容

1. 调查时间:20××年 12 月 29 日。

2. 调查对象:七年级两个班、九年级一个班共三个课题实验班的学生。

3. 调查内容:①学生对分层前(小升初)数学成绩的自我剖析;②学生进入初中后所属的层次等级(A 组、B 组、C 组)及感受;③学生对分层后自身的成绩进展情况的反馈;④学生在分层教学后的心理状况;⑤学生对数学老师布置的分层教学作业以及目标的看法;⑥学生对分层教学的建议等。此问卷调查设置了主观题（16道选择题）和客观题（2道填空题）两种题型。（详见本书第54页《民族地区初中数学"隐性分层教学"的实践研究学生心理认知问卷调查》）

四、调查方法：问卷调查

问卷调查研究采取问卷星网络随机抽样的方式，以3个课题实验班共146名学生作为本次调查的样本。本调查使用课题组自行编制设计的调查报告表对被调查对象进行问卷调查，答卷时间为10分钟，匿名回收问卷。由于客观条件的限制，本次问卷调查的样本容量较少，但也能反映出初中数学"隐性分层教学"的基本情况，结果具有一定的普遍性。

现将调查问卷收集到的数据进行分析总结，如下所示：

1. 你小学升初中的数学成绩（　　）。[单选题]

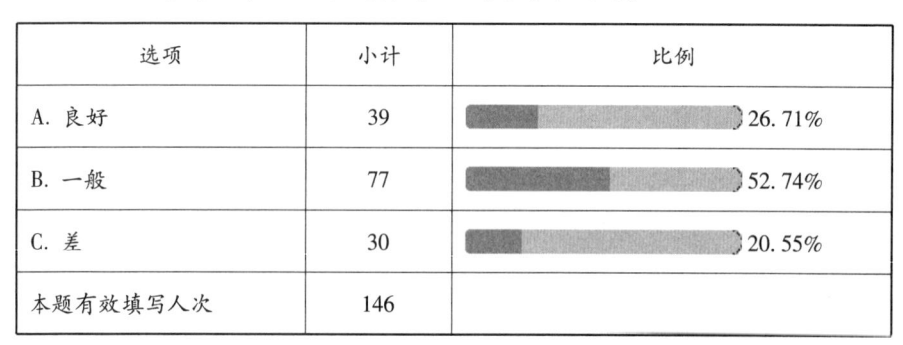

选项	小计	比例
A. 良好	39	26.71%
B. 一般	77	52.74%
C. 差	30	20.55%
本题有效填写人次	146	

2. 进入初中后，在班级数学学习中，你被分在什么层次？（　　）。[单选题]

选项	小计	比例
A. A组	41	28.08%
B. B组	71	48.63%
C. C组	34	23.29%
本题有效填写人次	146	

3. 分在这个层次，你感到满意吗？（　　　）。[单选题]

选项	小计	比例
A. 满意	77	52.74%
B. 一般	63	43.15%
C. 不满意	6	4.11%
本题有效填写人次	146	

4. 分层后，你的成绩是否有进步？（　　　）。[单选题]

选项	小计	比例
A. 有	73	50%
B. 保持	59	40.41%
C. 没有	14	9.59%
本题有效填写人次	146	

5. 分层后，你的学习压力大吗？（　　　）。[单选题]

选项	小计	比例
A. 压力大	16	10.96%
B. 一般	100	68.49%
C. 没有	30	20.55%
本题有效填写人次	146	

6. 分层后，你的自尊心受到负面影响了吗？（　　　）。[单选题]

选项	小计	比例
A. 有	130	89.04%
B. 没有	16	10.96%
本题有效填写人次	146	

7. 分层后，你的自信心受到负面影响了吗？（　　　）。[单选题]

选项	小计	比例
A. 有	127	86.99%
B. 没有	19	13.01%
本题有效填写人次	146	

8. 分层是否让你有被教师歧视的感觉？（　　）。[单选题]

选项	小计	比例
A. 有	135	92.47%
B. 没有	11	7.53%
本题有效填写人次	146	

9. 分层是否让你有被其他同学歧视的感觉？（　　）。[单选题]

选项	小计	比例
A. 有	133	91.1%
B. 没有	13	8.9%
本题有效填写人次	146	

10. 分层是否有利于树立数学科学习榜样？（　　）。[单选题]

选项	小计	比例
A. 有	117	80.14%
B. 没有	29	19.86%
本题有效填写人次	146	

11. 你在所属层次里有成功的体验吗？（　　）。[单选题]

选项	小计	比例
A. 有	105	71.92%
B. 没有	41	28.08%
本题有效填写人次	146	

12. 你赞成数学老师分层次布置作业吗？（　　）。[单选题]

选项	小计	比例
A. 赞成	139	95.21%
B. 不赞成	7	4.79%
本题有效填写人次	146	

13. 你赞成数学老师分层次布置预习任务吗？（　　）。[单选题]

选项	小计	比例
A. 赞成	132	90.41%
B. 不赞成	14	9.59%
本题有效填写人次	146	

14. 你赞成数学老师分层次制定考试分数目标吗？（　　）。[单选题]

选项	小计	比例
A. 赞成	137	93.84%
B. 不赞成	9	6.16%
本题有效填写人次	146	

15. 经过一个学期的学习，你的层次（　　）。[单选题]

选项	小计	比例
A. 上升了	63	43.15%
B. 下降了	14	9.59%
C. 保持不变	69	47.26%
本题有效填写人次	146	

16. 你在组别层次里感到快乐吗？（　　）。[单选题]

选项	小计	比例
A. 快乐	132	90.41%
B. 不快乐	14	9.59%
本题有效填写人次	146	

17. 不快乐的原因是什么？[填空题]

生1：我非常快乐。生2：被等级制约啊，总是被限定在中等，谁喜欢啊！我是有基础的，却总是听那些无聊的东西，真的很难受。生3：我充分认识到了自己的不足，还可以与本组其他同学一起交流，让我的成绩相比之前有了很大的提高。生4：大伙互帮互助，没有不快乐。生5：同学看不起我。生6：学习太辛苦了。生7：我很快乐，而且学习成绩有了很大的提升。生8：我的分数太低了。生9：太累了。教师管得太严了。生10：我所属的组别里人才太多。

18. 你对数学科分层教学有什么建议？[填空题]

生1：我觉得应该继续这种模式，这样可以让学优生照顾基础差的人。生2：没有建议，很满意。来点奖励。生3：多刷题。生4：同学们应该互相帮助。生5：针对弱项进行攻克难关。生6：我觉得老师应该每天都布置作业，并且让数学课代表每天坚持收作业。老师应该给C组布置一些基础题，给B组布置一两道拓展拿分的题，给A组布置一两道高难度的题。生7：定期检查全部同学的基础，每个星期五可留一节课让同学们自由讨论不会的题，老师则趁这个时间把A组的同学召集到一起，给他们讲解高难度的题。生8：多组织学生讨论。生9：大多数内容在课内学不会，希望老师能更好地教导。生10：很好，抓住各层次的学生重难点。生11：差生要从基础学起。生12：老师可以给中等生安排一些从简到难的题，查缺补漏。生13：学优生反而容易犯最基础的错误，老师在带领他们学习难题的同时，也要注意检查他们对基础知识的掌握程度。生14：效果很好，一直保持，再接再厉！建议不同层次的学生做不同层次的作业。生15：希望能够注重每一组别的每个同学的每一次提升，及时把有很大提升的学生调到更高的组别。

五、综合问卷调查表填写结果，反映"隐性分层教学"在数学教学中的现状

（一）初中学生对"隐性分层教学"的基本认识

从调查结果看，大多数学生对"隐性分层"在数学课堂中的效果给予了积极的评价。有90.41%的学生认为自己在数学分层教学中感到快乐；有71.92%的学生在分层小组中获得成就感。由此可见，学生对分层教学的实施是积极响应与赞同的。

（二）初中学生分层教学的意愿

调查结果显示，三个实验班级的绝大多数学生对分层教学是很认可的，95.21%的学生赞成数学老师分层布置作业，90.41%的学生赞成数学老师分层布置预习任务，93.84%的学生赞成数学老师分层制定考试分数目标。教师基于分层教学布置的作业能有效帮助学生查漏补缺、巩固提升，在提升学生学习效率的同时，减轻了学生的课业负担和学习压力，所以，分层教学得到了大多数学生的肯定与支持。

（三）隐形分层教学对初中学生自我人格发展的影响

"兴趣是最好的老师"，当问及"你在组别层次里感到快乐吗"时，90.41%的学生感到快乐，9.59%的学生感到不快乐；从"隐性分层教学"对学生自尊心和自信心的影响的调查结果来看，10.96%的学生表示自尊心受到了负面影响，13.01%的学生表示自信心受到了负面影响；另有7.53%的学生认为自己受到了老师的歧视，8.9%的学生认为自己受到了同学的歧视。

从以上的调查报告数据不难看出，数学"隐性分层教学"存在以下问题：

学生学习的"内需"问题。该问题可以归纳为"三缺"，即缺兴趣、缺信心、缺方法。数学学习讲究方式方法，用错了学习方法，学习效果会大打折扣，甚至适得其反，加之很多数学理论与公式深奥难懂，久而久之，学生难免失去学习数学的兴趣。

分层教学讲求以学定教、因材施教，需要教师根据学生的学习情况适时调整教学方法，会耗费教师大量的时间与精力。而且，教师对学生进行分层时，一般以成绩作为分层依据，以此实施的分层教学便很难直击学生的弱项，帮助学生有效且快速地进步。

六、解决问题的建议与策略

1. 数学教师既要制订好分层教学计划，又要把握好分层教学目标。教学计划不仅包括学期教学计划，还包括单元教学计划和课堂教学计划，都是教师在备课时不能省略的环节。数学教师在制订教学计划时必须实事求是，立足于学生的实际情况。教学目标要具有针对性和层次性，要充分考虑到核心素养在数学教学中的达成情况。教师在课前要让学生清楚地知道学习目标，真正实现让学生一课一得。每一节课的教学设计都始于教师对课程目标、课程内容的深度理解。尤为重要的是，教师要分析"课程内容"中的"内容要求""学业要求"和"教学提示"，分析出哪些内容是学生"应该学"的，明确"为什么教""教什么""教到什么程度"。

2. 数学教师要选择能引发不同层次学生思考的教学方式。数学教师要利用"分层效应"，让不同层次的学生在启发式、探究式、互动式、参与式的数学课堂活动中，经历实践、体验、探究、反思、交流、合作的数学学习过程，让每一个学生都参与学习、感悟思想、积累经验。例如，初中数学教学内容中的"正负数""平面图形和立体图形""三视图""数据的收集、整理、描述、分析""平面直角坐标系""图形的平移、轴对称、旋转""概率"等知识点，与小学数学知识的关联性不强，教师需要借助有趣的教学方式，引导数学基础薄弱的学生参与学习，给学困生创造条件和机会，体验到成功的快乐。

3. 数学教师要发挥评价的育人功能，注重过程性评价和形成性评价的双向标准。初中数学教学评价不要局限于对考试成绩的结果性评价，还应涉及口头测试、课堂观察、书面测试、活动报告、课后访谈、课内外作业、成长记录等过程性评价。数学教师要学会关注过程性评价，并从中看到学生的成长。每一位学生都是一个鲜活的个体，教师要基于学生的角度，从学生现有的知识结构、认知状态、学习动机等切入，把握学生的学习起点，准确判断学生的学情。例如，学生在音乐、美术、体育、劳动、演讲、帮助同学或热爱集体等方面有特长，教师不能因其主科成绩不理想而对他们全盘否定，不能无情地扼杀他们的个性发展，要为他们提供显露长处的机会。因此，数学教师要以"数学之外"的眼光发现每个学生的闪光点。

4. 关注不同层次学生的心理健康问题。因为初中数学隐性分层的目标是认识学生间的差异，实施尊异教学，所以，一定要避免因层次性分层而在学生之间产生新的差异。数学教师特别要注意淡化学生间的层次性，充分保护学生的自尊心，常和学生谈心，多与班主任和学生家长沟通，及时干预和化解学生的心理问题。

5. 遵循"教学有法而教无定法"这一基本定律。"隐性分层教学"克服了"一刀切"教学的缺点，因材施教，通过改变学生的学习方式、优化学生的学习过程，使学生树立正确的学习观、挫折观，进而全面提高学生的综合素质。数学教师只要抓住了问题的关键，从各个方面努力改进，势必能有效提升学生的数学素养，帮助学生全面掌握数学学习方法。

第4章 隐性分层教学的教学案例

4.1 初中数学分层教学案例设计

【案例1】

整式的乘法（单项式与单项式、多项式相乘）

教材分析：

整式的乘法是初中数学的重要内容之一，需要学生在掌握了有理数的乘法法则（如乘法分配律）的基础上进一步学习。

学情分析：

学生已经学习了同底数幂的乘法、幂的乘方和积的乘方运算，但容易混淆这三种运算。

课标摘录：

《义务教育数学课程标准（2022年版）》要求：

（1）理解整式的概念，掌握合并同类项和去括号的法则；能进行简单的整式加减运算，能进行简单的整式乘法运算（多项式乘法仅限于一次式之间和一次式与二次式的乘法）。

（2）理解乘法公式 $(a+b)(a-b)=a^2-b^2$，$(a\pm b)^2=a^2\pm 2ab+b^2$，了解公式的几何背景，能利用公式进行简单的计算和推理。

教学目标分解：

【学生学到什么程度】

A层：能运用乘法交换律、结合律以及同底数幂的运算性质，自主探索并理解单项式与单项式、单项式与多项式相乘的法则，并能灵活运用法则进行计算。

B层：能理解单项式与单项式、单项式与多项式相乘的法则，并能独立运用法则进行计算。

C层：通过小组讨论或在同学的帮助下，能理解单项式与单项式、单项式与多项式相乘的法则，并能运用法则进行计算。

【学生怎么学】

设置情境，引导学生积极探索单项式与单项式、单项式与多项式相乘的法则。

让学生主动参与探究，形成独立思考、勇于探究的习惯；通过小组讨论，合作学习（A层同学帮助B、C层同学）。

【教学重点】

单项式与单项式、单项式与多项式乘法法则的应用。

【教学难点】

单项式与单项式、单项式与多项式乘法法则的探究。

教学过程：

一、情境导入，初步认识

教师引导学生复习幂的运算性质，并解答下列问题。

(1) $a^2 \cdot a^6 =$ _____；

(2) $5 \times 5^2 \times 5^3 =$ _____；

(3) $\left[\left(-\dfrac{2}{3}\right)^3\right]^2 =$ _____；

(4) $(-2xy^2)^3 =$ _____。

答案： (1) a^8；(2) 5^6；(3) $\dfrac{64}{729}$；(4) $-8x^3y^6$。

【教学说明】学生口述同底数幂的乘法运算性质、公式及上述问题的答案，教师对学生暴露出的问题予以纠正，帮助学生为后续学习打下基础。

课前，教师先让学生自主预习，小组讨论。

二、思考探究，获取新知

【问题1】光的速度约为 3×10^5 km/s，太阳光照射到地球上需要的时间大约是 5×10^2 s，试求地球与太阳大约相距多少千米。

【分析】由题意可列式 $(3\times10^5)\times(5\times10^2)$，学生运用乘法交换律和结合律得出 $(3\times5)\times(10^5\times10^2)=15\times10^7=1.5\times10^8$，即地球与太阳之间的距离约为 1.5×10^8 km。

【教学说明】学生认真分析上述计算过程，感受其中的思路与依据，再将上式中的部分数字换成字母，如 $(a\times10^5)\times(b\times10^2)$，通过小组讨论，发掘一般性规律，口述归纳总结。

【归纳总结】单项式与单项式相乘，把它们的系数、同底数幂分别相乘，对于只在一个单项式里含有的字母，则连同它的指数作为积的一个因式。

【问题2】解答下列问题。

（1）$(-a^2b)(-2b)$。

（2）$(-2m^2)^2(3mn)^2$。

（3）何叶的步长为 a 米，她量得家里的卧室长15步，宽14步，那这间卧室的面积有多少平方米？

（4）下面的计算对不对？如果不对，怎样改正？

① $3a^3 \cdot 2a = 6a^6$； ② $2x^2 \cdot 3x^2 = 6x^4$；

③ $3x^2 \cdot 4x^2 = 12x^2$； ④ $5y^3 \cdot 3y^5 = 15y^{15}$。

答案：（1）$2a^2b^2$。（2）$36m^6n^2$。（3）$210a^2$。（4）①错，$6a^4$；②对；③错，$12x^4$；④错，$15y^8$。

【教学说明】学生口述单项式与单项式相乘的乘法法则及上述问题的答案，教师对学生暴露出的问题予以纠正，帮助学生巩固基础。

【问题3】三家连锁店以相同的价格 m（单位：元/瓶）销售某种商

品，它们在一个月内的销售量（单位：瓶）分别是 a，b，c，求这个月内销售这种商品的总收入。

【分析】这个问题的解答方法有两个。

方法一：先求三家连锁店的总销量，再求总收入，即总收入为 $m(a+b+c)$ 元。

方法二：先分别求三家连锁店的收入，再求它们的和，即总收入为 $(ma+mb+mc)$ 元。

由于两种方法只是思考的角度不同，求的是同一个量，故必有 $m(a+b+c)=ma+mb+mc$。

教师引导学生联想乘法分配律及上述等式，小组讨论并总结归纳。

【归纳总结】单项式与多项式相乘，就是用单项式去乘多项式的每一项，再把所得的积相加。

三、运用新知，深化理解

【问题1】计算：

(1) $(-2x^2y)^2 \cdot \left(-\dfrac{1}{3}xyz \cdot x^3z^3\right)$；

(2) $3ab^2 \cdot \left(-\dfrac{1}{3}a^2b\right)^2 abc$；

(3) $(-2x^{n+1}y^n) \cdot (-3xy) \cdot \left(-\dfrac{1}{2}x^2z\right)$。

答案：(1) $-\dfrac{4}{3}x^8y^3z^4$；(2) $\dfrac{1}{3}a^6b^5c$；(3) $-3x^{n+4}y^{n+1}z$。

【教学说明】B 层学生上台演算，A 层学生讲评。

【教师提示】凡是在单项式里出现过的字母，结果里应全都有，不能漏掉；如果单项式中含有多个因式，可把它看作一个整体进行计算。

【问题2】计算：

(1) $\left(-\dfrac{1}{2}ab\right)\left(\dfrac{2}{3}ab^2-2ab+\dfrac{4}{3}b\right)$；

(2) $\left(-\frac{1}{3}xy+\frac{3}{2}y^2-x^2\right)(-6xy^2)$；

(3) $\left(\frac{3}{2}a^2+ab-0.6b^2\right)\left(-\frac{4}{3}a^2b^2\right)$；

(4) $5a^3b\cdot(-3b)^2+(-6ab)^2\cdot(-ab)-ab^3\cdot(-4a)^2$。

答案：(1) $-\frac{1}{3}a^2b^3+a^2b^2-\frac{2}{3}ab^2$；

(2) $2x^2y^3-9xy^4+6x^3y^2$；

(3) $-2a^4b^2-\frac{4}{3}a^3b^3+\frac{4}{5}a^2b^4$；

(4) $-7a^3b^3$。

【教学说明】C层学生上台演算，A层学生讲评。

【教师提示】计算时，确定符号是关键，可以把单项式前和多项式各项前的"+"或"-"号看作性质符号，把单项式乘以多项式的结果用"+"连接，最后写成省略加号的代数和。

四、师生互动，课堂小结

1. 梳理本节所学内容，巩固单项式乘以单项式、单项式乘以多项式的法则。

2. 互相交流运用法则计算时的注意事项。

【教学说明】教师在归纳梳理前，要让学生自主思考并发言总结。

五、教学反思

本堂课的教学过程中，在A层学生的带动下，B、C层学生较积极地探索了单项式与单项式、单项式与多项式相乘的法则，并根据已学知识（如乘法分配律法则等）自主推导出单项式与单项式、单项式与多项式相乘的法则，充分体现了学生在课堂上的主体作用。由A层学生带动B、C层学生，还可以活跃课堂气氛，激发学生对数学的兴趣，并增进学生之间的情感交流。

【案例 2】

年级	九年级	课题	相似三角形的判定（第二课时）	课型	新授
教学媒体	多媒体（希沃白板）					

教学目标	课标摘录	《义务教育数学课程标准（2022年版）》要求： 了解相似三角形的判定定理：两角分别相等的两个三角形相似；两边成比例且夹角相等的两个三角形相似；三边成比例的两个三角形相似。 了解相似三角形判定定理的证明。 了解相似三角形的性质定理：相似三角形对应线段的比等于相似比，面积比等于相似比的平方。
	课标分解	学生学到什么程度？ A组：掌握两组对应边的比相等且它们的夹角相等的两个三角形相似的判定定理及应用定理。 B组：掌握两组对应边的比相等且它们的夹角相等的两个三角形相似的判定定理。 C组：理解三角形相似。 学生怎么学？ 类比全等三角形的判定方法 SAS，经历猜想结论、画图及推理验证，探究相似三角形的判定定理。 探索从特殊到一般的认识事物的方法，用类比的方法拓展思路，获得数学猜想的经验，激发探索知识的兴趣。
教学重点	掌握相似三角形的判定定理，会运用定理判定两个三角形相似。	
教学难点	探究三角形相似的条件，运用相似三角形的判定定理解决问题。	

教学过程设计		
教学程序及教学内容	师生行为	设计意图
一、复习引入 1. 我们学习了哪些证明三角形相似的方法？ 2. 类比全等三角形的判定方法 SAS，思考下面的问题：如果一个三角形的两条边与另一个三角形的两条边对应成比例，并且它们的夹角相等，那么这两个三角形相似吗？ 引出课题：探究相似三角形的判定定理。	教师提出问题，学生回答。让A、B组学生类比三角形全等的判定方法，大胆猜想问题的答案。	学生复习三角形相似的判定方法，类比三角形全等的判定方法，猜

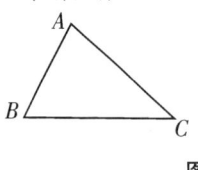

续表

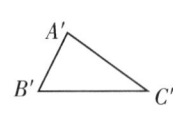

二、自主探究 图1 ●猜想结论，并利用刻度尺和量角器画图、测量、验证。 1. 画△ABC和△A'B'C'，如图1所示，使∠A＝∠A'，$AB:A'B'=AC:A'C'=k$，量出它们的第三组对应边BC和B'C'的长，它们的比等于k吗？∠B＝∠B'，∠C＝∠C'吗？ 2. 改变∠A的度数或者改变k的值，是否有同样的结论？ ●推理论证结论。 已知：如图2，△ABC和△A'B'C'中，∠A＝∠A'，$AB:A'B'=AC:A'C'$。 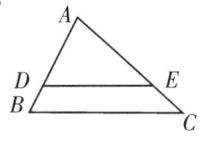 图2 求证：△ABC∽△A'B'C'。 证明：在△ABC的边AB上截取AD＝A'B'，过点D作DE∥BC，交AC于点E，则有△ADE∽△ABC。 即$AD:AB=AE:AC$，又$AD=A'B'$，所以$AE=A'C'$。 又∠A＝∠A'，$AD=A'B'$，所以△ADE≌△A'B'C'，△ABC∽△A'B'C'。 其他证明方法点拨：如图3，在△ABC的边AB的反向延长线截取$AD=A'B'$，过点D作DE∥BC，交AC的反向延长线于点E，连接DE，先证明△ADE≌△A'B'C'，再证明△ADE∽△ABC，继而证明△ABC∽△A'B'C'。 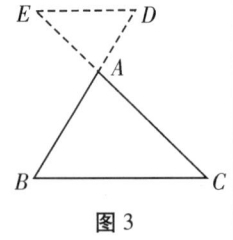 图3 由此得出结论：两个三角形的两组对应边的比相等，且它们的夹角相等，那么这两个三角形相似。 ●思考：将条件中的∠A＝∠A'改成∠B＝∠B'，其他条件不变，这两个三角形还相似吗？	C组学生回忆全等三角形的判定方法。 教师组织学生按照探究要求画图，度量，自主探究，合作交流，尝试推理，归纳得出结论。 A组尝试推理；B组合作交流推理；C组理解即可。 教师根据学生的完成情况，适时给予学生引导和必要的点拨，师生共同完善推理证明步骤，总结作辅助线的方法。 A组自主推导并书写推导过程；B组在合作讨论的过程中得出结论；C组在教师和A、B组同学的帮助下完成。 教师提出问题，学生小组交流，类比三角形在SSA条件下的不确定性，画反例图形。	想相似三角形的判定方法，建立新旧知识之间的联系。 学生自主观察、分析、探究，得到结论后，教师举出生活中的实例，培养学生的观察能力，让学生体验数学与生活的密切联系。 学生通过思考回答教师提出的问题，初步感知相似多边形及其特征，为后续学习做铺垫；联系新旧知

●应用： 已知：如图4，在四边形ABCD中，$\angle B = \angle ACD$，$AB = 6$，$BC = 4$，$AC = 5$，$CD = 7.5$，求 AD 的长。 分析：已知一对对应角相等及四条边长，猜想应用"两组对应边的比相等且它们的夹角相等"来证明相似，计算得出 $AB:CD = BC:AC$，结合 $\angle B = \angle ACD$，证明 $\triangle ABC \backsim \triangle DCA$，再利用相似三角形的定义得出关于 AD 的比例式 $AC:AD = AB:CD$，从而求出 AD 的长。 图4 三、课堂训练 1. 满足下列条件的各对三角形中相似的两个三角形有（ ）。 ① $\angle A = 60°$，$AB = 5cm$，$AC = 10cm$；$\angle A' = 60°$，$A'B' = 3cm$，$A'C' = 10cm$。 ② $\angle A = 45°$，$AB = 4cm$，$BC = 6cm$；$\angle D = 45°$，$DE = 2cm$，$DF = 3cm$。 ③ $\angle C = \angle E = 30°$，$AB = 8cm$，$BC = 4cm$，$DF = 6cm$，$FE = 3cm$。 ④ $\angle A = \angle A'$，且 $AB \cdot A'C' = AC \cdot A'B'$。 2. 如图5，$AB \cdot AE = AC \cdot AD$，且 $\angle 1 = \angle 2$。 求证：$\triangle ABC \backsim \triangle ADE$。 图5　图6 3. 已知：如图6，$P$ 为 $\triangle ABC$ 中线 AD 上的一点，且 $BD^2 = PD \cdot AD$。 求证：$\triangle ADC \backsim \triangle CDP$。 四、课堂小结 1. 到目前为止，你已经学习了哪几种相似三角形的判定方法？ 2. 对照全等三角形的判定方法与相似三角形的判定方法，你有什么体会？	学生先独立完成，然后小组交流，选出小组代表上台板书，师生共评。 A组代表分析过程；B组代表板书过程；C组理解即可。 学生口答问题，并说明解题依据。 A组说明解题依据；B组代表板书过程；C组提出不懂的问题。 学生独立分析证明方法，小组交流，师生达成共识。 学生谈对本节课的感受与收获，教师进行点评并做系统归纳。	识，加深对三角形相似的判定方法的理解和认识。 学生通过解决问题，巩固所学知识，培养解决问题的意识和能力，培养规范书写的习惯。 学生通过练习，进一步加深对相似三角形判定的理解，培养分析问题、解决问题的意识和能力，并获得成功的体验。 学生归纳总结，巩固所学知识。

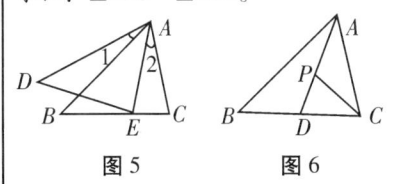

【案例3】

年级	九年级	课题	锐角三角函数（3）	课型	新授
教学媒体	多媒体					

教学目标	课标摘录	《义务教育数学课程标准（2022年版）》要求： 利用相似的直角三角形，探索并认识锐角三角函数（sinA、cosA、tanA），知道30°、45°、60°角的三角函数值。 会使用计算器，由已知锐角求它的三角函数值，由已知三角函数值求它的对应锐角。
	课标分解	学生学到什么程度？ A组：能熟练计算含有30°、45°、60°角的三角函数的运算式。 B组：能推导并熟记30°、45°、60°角的三角函数值，能根据这些值说出它们对应的锐角度数。 C组：熟记30°、45°、60°角的三角函数值。
		学生怎么学？ 结合锐角三角函数概念和含特殊角的直角三角形的性质，推导特殊角的三角函数值，了解知识之间的关系，学会综合运用，认识到三角函数也属于数的运算系列，掌握由角到边和由边到角的转换方法。 认识到数学知识之间的联系，结合新旧知识，理解、记忆特殊角的三角函数值。

教学重点	熟记30°、45°、60°角的三角函数值，能熟练计算含有30°、45°、60°角的三角函数值的运算式。
教学难点	30°、45°、60°角的三角函数值的推导过程。

教学过程设计			
教学程序及教学内容		师生行为	设计意图
一、复习引入 一个直角三角形中，锐角的正弦、余弦、正切函数是怎么定义的？ 二、自主探究 1. 两块三角尺中有几个不同的锐角？它们分别是多少度？你能分别求出这几个锐角的正弦值、余弦值和正切值吗？		教师引导学生回顾锐角三角函数的定义，思考新的问题，引出课题。	学生复习锐角三角函数，为推导特殊角的三角函数值打基础。

	30°	45°	60°
sinA			
cosA			
tanA			

| 由上表可知：
（1）三角函数值是数值，可以和数一样进行运算；
（2）三角函数值和角的度数是一一对应的。
2. 例题分析。
题1：求下列各式的值：
（1）$\cos^2 60° + \sin^2 60°$。
（2）$\dfrac{\cos 45°}{\sin 45°} - \tan 45°$。

题2：

（1）如图（1），在 Rt$\triangle ABC$ 中，$\angle C = 90°$，$AB = \sqrt{6}$，$BC = \sqrt{3}$，求 $\angle A$ 的度数。
（2）如图（2），已知圆锥的高 AO 等于圆锥的底面半径 OB 的 $\sqrt{3}$ 倍，求 a 的度数。
分析：由角的度数可以求三角函数值，由三角函数值也能求角的度数。
答案：题1：（1）1；（2）0。题2：（1）45°；（2）60°。
三、课堂训练
1. 已知：Rt$\triangle ABC$ 中，$\angle C = 90°$，$\cos A = \dfrac{3}{5}$，$AB = 15$，则 AC 的长是（　　）。
A. 3　　B. 6　　C. 9　　D. 12
2. 下列各式中不正确的是（　　）。
A. $\sin^2 60° + \cos^2 60° = 1$　　B. $\sin 30° + \cos 30° = 1$
C. $\sin 35° = \cos 55°$　　D. $\tan 45° > \sin 45°$
3. $2\sin 30° - 2\cos 60° + \tan 45°$ 的结果是（　　）。
A. 2　　B. $\sqrt{3}$　　C. $\sqrt{2}$　　D. 1 | 教师提出问题，引导学生探究。
A组画图，进一步理解角度一定时三角函数值也是一定的，并完成表格；B组进一步理解角度一定时三角函数值也是一定的；C组熟记特殊函数值。

教师给出问题，引导学生代入计算，写出过程。
A组代表说明计算原理；B组代表计算；C组理解。

学生思考，A组口答解题思路，B、C组共同完善书写步骤。 | 学生通过动手画图，验证得出的结论，加强记忆和理解。

学生正确认识特殊角的三角函数值，能熟练地进行相关计算，由角求值，由值求角。 |

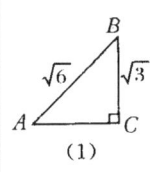

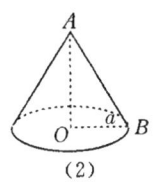

续表

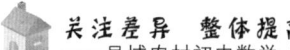

4. 已知 $\angle A$ 为锐角, 且 $\cos A \leq \dfrac{1}{2}$, 那么 （　　）。 A. $0° < \angle A \leq 60°$　　B. $60° \leq \angle A < 90°$ C. $0° < \angle A \leq 30°$　　D. $30° \leq \angle A < 90°$ 5. 在 $\triangle ABC$ 中, $\angle A$、$\angle B$ 都是锐角, 且 $\sin A = \dfrac{1}{2}$, $\cos B = \dfrac{\sqrt{3}}{2}$, 则 $\triangle ABC$ 的形状是（　　）。 A. 直角三角形　　B. 钝角三角形 C. 锐角三角形　　D. 不能确定 6. 如图, $Rt\triangle ABC$ 中, $\angle ACB = 90°$, $CD \perp AB$ 于 D, $BC = 3$, $AC = 4$, 设 $\angle BCD = a$, 则 $\tan a$ 的值为（　　）。 A. $\dfrac{3}{4}$　　B. $\dfrac{4}{3}$ C. $\dfrac{3}{5}$　　D. $\dfrac{4}{5}$ 7. 当锐角 $a > 60°$ 时, $\cos a$ 的值（　　）。 A. 小于 $\dfrac{1}{2}$　　B. 大于 $\dfrac{1}{2}$ C. 大于 $\dfrac{\sqrt{3}}{2}$　　D. 大于 1 答案: 1. C; 2. B; 3. D; 4. B; 5. B; 6. A; 7. A。 四、课堂小结 1. 正确认识特殊角 $30°$、$45°$、$60°$ 角的三角函数值, 能熟练进行有关运算, 由角求值, 由值求角。 2. 熟知三角函数的规律特点。 五、作业设计 1. 在 $\triangle ABC$ 中, 三边之比为 $a:b:c = 1:\sqrt{3}:2$, 则 $\sin A + \tan A$ 等于（　　）。 A. $\dfrac{3+2\sqrt{3}}{6}$　B. $\dfrac{1}{2}+\sqrt{3}$　C. $\dfrac{3\sqrt{3}}{2}$　D. $\dfrac{\sqrt{3}+1}{2}$ 2. $\sin^2 72° + \sin^2 18°$ 的值是（　　）。 A. 1　　B. 0　　C. $\dfrac{1}{2}$　　D. $\dfrac{\sqrt{3}}{2}$ 3. 若 $(\sqrt{3}\tan A - 3)^2 + \lvert 2\cos B - \sqrt{3}\rvert = 0$, 则 $\triangle ABC$（　　）。 A. 是直角三角形 B. 是等边三角形 C. 是含有 $60°$ 角的任意三角形 D. 是顶角为钝角的等腰三角形	教师组织学生进行练习。A 组完成 1—7 题, B 组完成 1—5 题, C 组完成 1—3 题。 学生谈本节课的收获, 教师完善补充。 课后作业, A 组完成 1—6 题; B 组完成 1—4 题; C 组完成 1—2 题。	学生巩固加深对锐角三角函数的理解, 培养综合运用意识和能力, 并获得成功的体验。 教师加强教学反思, 将知识进行系统整理, 总结方法, 形成技能, 提高学生的学习效率。

续表

4. 设 α、β 均为锐角，且 sinα-cosβ=0，则 α+β=_____。

5. 已知等腰△ABC 的腰长为 $4\sqrt{3}$，底角为 30°，则底边上的高为_____，周长为_____。

6. 在 Rt△ABC 中，∠C=90°，已知 $\tan B=\dfrac{\sqrt{5}}{2}$，则 $\cos A$=_____。

答案：1. A；2. 1；3. A；4. 90°；5. $2\sqrt{3}$，$12+8\sqrt{3}$；6. $\dfrac{\sqrt{5}}{3}$。

【案例 4】

公式法因式分解

教材分析：

公式法因式分解教学步骤如下：回顾因式分解的概念—归纳因式分解的方法—总结用平方差公式进行因式分解的技巧—讨论复杂多项式的分解方法。

学情分析：

学优生的基础知识扎实，可以在教师的引导下归纳出可行的因式分解技巧。

课标摘录：

《义务教育数学课程标准（2022 年版）》要求：

（1）理解乘法公式 $(a+b)(a-b)=a^2-b^2$，$(a\pm b)^2=a^2\pm 2ab+b^2$，了解公式的几何背景，能利用公式进行简单的计算和推理。

（2）用提公因式法、公式法（直接利用公式不超过两次）进行因式分解（指数为正整数）。

教学目标分解：

【学生学到什么程度】

A组：掌握多项式的逆变形的方法，并能够综合运用提公因式和平方差公式进行复杂的多项式分解和连续两个大数字相乘的计算。

B组：学会运用平方差公式进行逆变形，并用乘法公式进行检验运算，从而写出多项式分解的结果。

C组：学会正确运用提公因式法，并能够进行简单的平方差公式进行因式分解。

【学生怎么学】

通过乘法公式到因式分解逆变形的过程，熟练运用平方差公式进行因式分解。

教学过程：

一、知识回顾

把下列各式进行因式分解。

(1) $a^3b^3-a^2b-ab$；　　　　　　(2) $-9x^2y+3xy^2-6xy$。

答案： (1) $ab(a^2b^2-a-1)$；(2) $-3xy(3x-y+2)$。

教师提问中等生：你能找到第二题的公因式吗？如何进行分解？

二、情境导入，初步认识

在括号内填上适当的式子，使等式成立：

(1) $(x+5)(x-5) = (\_\_\_\_)$；　　(2) $(a+b)(a-b) = (\_\_\_\_)$；

(3) $x^2-5^2 = (x+5)(\_\_\_\_)$；　　(4) $a^2-b^2 = (a+b)(\_\_\_\_)$。

答案： (1) x^2-25；(2) a^2-b^2；(3) $x-5$；(4) $a-b$。

思考多项式 a^2-b^2 有什么特点，你能将它分解因式吗？

交流总结：学困生动手演算，学优生点评，师生共同总结出"用平方差公式进行因式分解"的特点。

(1) 左边是二项式，每项都是平方的形式，两项的符号相反。

(2) 右边是两个多项式的积，一个因式是两数的和，另一个因式是这两数的差。

三、同类变换

下列各式中能用平方差公式进行因式分解的有哪些?

(1) $-a^2-b$； (2) a^2-4b^2；

(3) x^2-y^2-4； (4) $-9a^2b^2+1$；

(5) $(x-y)^2+(y-x)^2$； (6) x^4-1。

答案：（1）不可以；（2）可以；（3）不可以；（4）可以；（5）不可以；（6）可以。

依次找学困生、中等生回答问题，学优生进行补充。

【教学说明】能否用平方差公式进行因式分解，应紧紧抓住平方差公式的特点进行判断，分别从项数、符号、平方项等方面入手。

四、解释应用

1. 把下列各式进行因式分解：

(1) a^2-9b^2； (2) $25x^2-1$；

(3) $-\dfrac{16}{9}a^2+\dfrac{81}{4}b^2$； (4) $-1+4m^2$。

学优生将题中的数据转化成平方的形式，并写成 a^2-b^2 结构；然后，中等生进行因式分解；最后，学困生分析得出做题方法（或者先找学优生口述解题过程，理清解题思路，再让中等生、学困生书写解题过程）。

2. 把下列各式进行因式分解：

(1) x^4-y^4； (2) a^3b-ab；

(3) x^2y-4y； (4) $-a^4+16$。

答案： 1.（1）$(a+3b)(a-3b)$；

(2) $(5x+1)(5x-1)$；

(3) $\left(\dfrac{9}{2}b+\dfrac{4}{3}a\right)\left(\dfrac{9}{2}b-\dfrac{4}{3}a\right)$；

(4) $(2m+1)(2m-1)$。

2.（1）$(x^2+y^2)(x+y)(x-y)$；

（2）$ab(a+1)(a-1)$；

（3）$y(x+2)(x-2)$；

（4）$(4+a^2)(2+a)(2-a)$。

让一名学困生上台自主选择一道小题完成，让两名中等生上台各自完成教师指定的一道小题，最后一道小题交由学优生完成，最后各小组的组长进行点评。

五、分层作业，共同提高

学困生首先完成以下必做题目，再尝试完成中等生必做题目：

1. 下列等式从左到右的变形，是因式分解的是（　　）。

A. $(3-x)(3+x)=9-x^2$　　B. $(y+1)(y-3)=-(3-y)(y+1)$

C. $4yz-2y^2z+z=2y(2z-yz)+z$　　D. $-8x^2+8x-2=-2(2x-1)^2$

2. 分解因式：

（1）$-x^2+y^2=$ ＿＿＿＿＿＿＿＿；　（2）$\dfrac{9}{4}x^2-0.25y^2=$ ＿＿＿＿＿＿＿＿。

答案：1. D。2.（1）$(y+x)(y-x)$；（2）$\left(\dfrac{3}{2}x+\dfrac{1}{2}y\right)\left(\dfrac{3}{2}x-\dfrac{1}{2}y\right)$。

中等生首先完成以下必做题目，再尝试完成学优生必做题目：

1. 判断正误：

（1）$x^2+y^2=(x+y)(x+y)$；　　　　　　　　　　　（　　）

（2）$x^2-y^2=(x+y)(x-y)$；　　　　　　　　　　　（　　）

（3）$-x^2+y^2=(-x+y)(-x-y)$；　　　　　　　　　（　　）

（4）$-x^2-y^2=-(x+y)(x-y)$。　　　　　　　　　　（　　）

2. 用平方差公式进行因式分解：

（1）$-3xy^3+27x^3y$；

（2）$4a^2x^2-16a^2y^2$；

（3）$81x^4-y^4$。

答案：1.（1）×；（2）√；（3）×；（4）×。

2.（1）$3xy(3x+y)(3x-y)$；（2）$4a^2(x+2y)(x-2y)$；（3）$(9x^2+y^2)(3x+y)(3x-y)$。

学优生完成以下必做题目：

1. 化简：$(a+1)^2-(a-1)^2=(\quad)$。

A. 2　　　　B. 4　　　　C. $4a$　　　　D. $2a^2+2$

2. 分解因式：

（1）$(2x+y)^2-(x+2y)^2$；

（2）$(2x+3)^2-(x+1)^2$。

3. 在实数范围内分解因式：x^4-4。

答案：1. C。2.（1）$3(x+y)(x-y)$；（2）$(3x+4)(x+2)$。3. $(x^2+2)(x+\sqrt{2})(x-\sqrt{2})$。

六、畅谈收获，回顾反思

抽取不同层次的学生谈谈自己本节课的收获。

七、课后反思

不足：因为引导学困生归纳因式分解步骤和方法用的时间比较多，所以本节课的教学时间不够充裕。

优点：本节课采用分层教学模式，为学优生、中等生、学困生分别预设因式分解题型，充分考虑到他们的最近发展区，以学生为本，以学定教，激发了他们学习因式分解的兴趣，使他们乐于探究并积极发表见解。

【案例5】

人教版九年级数学"一元二次方程"复习第1课时

教材分析：

一元二次方程是中学数学的主要内容之一。它既是对学生已学知识的巩固和发展，又是学生后续学习的基础。一元二次方程的概念、基本解法及应用都是重要的初中数学基础知识。其解法——通过降次，将一元二次方程转化为一元一次方程，蕴含了重要的数学思想和数学方法。本节课主要是对一元二次方程进行系统复习，帮助学生巩固所学知识，提升应用能力。

学情分析：

通过前期的学习，A组学生已基本能熟练地解一元二次方程，B组学生能独立解一元二次方程且正确率达到95%以上，C组学生掌握了两种以上解一元二次方程的方法（直接开平方法、求根公式法等），会利用概念判断一些简单的一元二次方程，但掌握得不牢。

课标摘录：

《义务教育数学课程标准（2022年版）》要求：

（1）理解配方法，能用配方法、公式法、因式分解法解数字系数的一元二次方程。

（2）会用一元二次方程根的判别式判别方程是否有实根及两个实根是否相等。

（3）了解一元二次方程的根与系数的关系。

教学目标分解：

【学生学到什么程度】

A组：能熟练运用配方法、公式法、因式分解法解一元二次方程，会根据判别式判断一元二次方程的根的情况，会灵活运用根与系数的关系。

B组：会运用直接开平方法、公式法解一元二次方程，会运用判别式判断一元二次方程的根的情况。

C组：会正确运用公式法解一元二次方程，会判断一元二次方程有无实数根。

【学生怎么学】

以例题为中心，引导学生利用所学知识，归纳出解一元二次方程的步骤与方法。

一、知识梳理

1. 方程中只含有_____未知数，并且未知数的最高次数是_____，这样的_____方程叫作一元二次方程，通常可写成如下形式：_____（ ）。其中，二次项系数是_____，一次项系数是_____，常数项是_____。

2. 解一元二次方程的基本思路是_____，一般解法有：①直接开平方法；②配方法；③求根公式法；④因式分解法。

3. 一元二次方程 $ax^2+bx+c=0$（$a\neq 0$）的根的判别式：当_____时，它有两个不相等的实数根；当_____时，它有两个相等的实数根；当_____时，它没有实数根。

4. 设一元二次方程 $ax^2+bx+c=0$（$a\neq 0$）的两个根分别为 x_1、x_2，则 x_1+x_2 =_____，$x_1 x_2$ = _____。

答案：1. 一个；2；整式方程；$ax^2+bx+c=0$；$a\neq 0$；a；b；c。

2. 降次。

3. b^2-4ac 大于 0；b^2-4ac 等于 0；b^2-4ac 小于 0。

4. $-\dfrac{b}{a}$；$\dfrac{c}{a}$。

【设计意图】通过对知识的梳理，让学生对本章知识点进行一个系统的回顾，同时查缺补漏。

二、基础知识自查

1. 下列关于 x 的方程中，是一元二次方程的为（   ）。

A. $x^2+\dfrac{1}{x^2}=1$　　　　　　B. $ax^2+bx+c=0$

C. $x^2=0$　　　　　　D. $(x+1)(x-2)=x^2+x$

2. 把一元二次方程 $2x^2+5=4x$ 化成一般形式是_____。其中，二次项系数是_____，一次项系数是_____，常数项是_____。

3. 已知 m 是一元二次方程 $x^2-x-3=0$ 的一个根，则 $m^2-m=$ _____。

4. 若方程 $(a-2)x^{a^2-2}+3x=0$ 是关于 x 的一元二次方程，则 a 的值为 _____。

5. 用适当的方法解下列方程：

(1) $(x+1)^2=5$；　　　　　(2) $x^2-2x-3=0$；

(3) $2x^2-5x+2=0$；　　　(4) $3x(x-1)=2(x-1)$。

6. 若关于 x 的一元二次方程 $kx^2-2x-1=0$ 有两个不相等的实数根，则 k 的取值范围是 _____。

（A、B组附加题）若一元二次方程 $x^2-2x-m=0$ 无实数根，则一次函数 $y=(m+1)x+m-1$ 的图形不经过 _____ 象限。

7. 方程 $x^2+3x-11=0$ 的两个根分别为 x_1、x_2，则 $x_1+x_2=$ _____，$x_1x_2=$ _____。

答案：1. C；2. $2x^2-4x+5=0$、2、-4、5；3. 3；4. -2；5. 略；6. $k>-1$、第一象限；7. -3，11。

【设计意图】这几道题比较简单，既是对知识点的简单应用，也为后面复习一元二次方程的有关内容做好铺垫。

中考跟踪小组合作探究：

1. （2021·凯里五中模拟）方程 $x^2-7x+10=0$ 的两个根是等腰三角形的两条边长，则这个三角形的周长为（　　）。

A. 12　　　B. 12 或 9　　　C. 13　　　D. 9

2. （2021·凯里二中模拟）关于 x 的一元二次方程 $ax^2-2x+1=0$ 有实数根，则 a 的取值范围是 _____。

3. （2021·凯里学院附中）若方程 $x^2-2x+m=0$ 没有实数根，则 m 的值可以是（　　）。

A. -1　　　B. 0　　　C. 1　　　D. $\sqrt{3}$

答案：1. A；2. a 小于等于 1 且不等于 0；3. D。

【设计意图】在中考中，通常将一元二次方程和其他知识点一起考查。这 3 道题既是对知识的系统应用，也让学生提前接触了中考题型。

课堂检测：

1. 已知 $x=1$ 是一元二次方程 $(a-2)x^2+(a^2-3)x-a+1=0$ 的一个根，则 a 的值是_____。

2. 方程 $(m-1)x^2+2mx-3=0$ 是关于 x 的一元二次方程，则（　　）。

A. $m\neq\pm 1$　　B. $m=1$　　C. $m\neq 1$　　D. $m\neq -1$

3. 用适当方法解一元二次方程：

(1) $x^2-4x-7=0$　　　　(2) $3x(x-3)=2(x-3)$

答案： 1. -2。2. C。3. (1) $x_1=2+\sqrt{11}$，$x_2=2-\sqrt{11}$；(2) $x_1=3$，$x_2=\dfrac{2}{3}$。

【设计意图】课堂检测既可以帮助学生巩固基础知识，又可以把学生的学习情况及时反馈给教师，让教师及时了解学生的学习动态。而且，学生也可以从课堂检测中了解到自己的学习情况，知道哪些是自己已经掌握的，哪些是自己不会的，哪些是自己需要再次巩固强化的。

三、总结反思（学生自己完成，教师做适当补充）

1. A组学生：_____。

2. B组学生：_____。

3. C组学生：_____。

【设计意图】学生在反思的同时，会自觉回顾本章的知识点，深化巩固知识。

四、课后练习

1. 一元二次方程 $3x^2+x=0$ 的根是_____。

2. 设 m 是方程 $2x^2-3x-1=0$ 的一个根，那么 $6m^2-9m+2022$ 的值为_____。

3. 已知 a、b、c 是三角形的三边，且方程 $a(x^2-1)-2cx+b(x^2+1)=0$ 有两个相等的实数根，则该三角形是（　　）。

A. 等腰三角形　　　　　　B. 等边三角形

C. 直角三角形　　　　　　　D. 等腰直角三角形

4. 将一块正方形铁皮的四角各剪去一个边长为4cm的小正方形，做成一个无盖的盒子，已知盒子的容积是400cm³，求原铁皮的边长。

5. 已知关于 x 的方程 $x^2+kx-6=0$。

（1）求证：方程有两个不相等的实数根。

（2）若方程的一个根是-1，求另一个根及 k 值。

答案：1. $x_1=0$，$x_2=-\dfrac{1}{3}$。2. 2025。3. C。4. 18cm。5.（1）k^2+24；（2）$x=6$，$k=-5$。

【设计意图】考虑到学生之间的差异，A、B组完成1—5题，C组完成1—4题，符合新课程标准提出的"不同的人在数学上得到不同的发展"的理念。

【案例6】

中学数学分层教学案例分析之绝对值

教材分析：

学生已学习了相反数的知识，本节课将进一步引导学生探究绝对值的有关知识。绝对值是数学中的一个重要概念，学好它有助于培养学生"数形结合""从特殊到一般""抽象""分类"等重要的数学思想，同时为学生接触有理数大小比较、有理数运算奠定基础。

学情分析：

县域农村初中的学生大多是留守儿童，学习自主性差，学习基础薄弱。我班共有学生60人，数学能及格的寥寥无几，数学平均分一般在40分以下。基于此，在教授绝对值相关知识时，我力争让学困生会求数的绝对值，让学优生学会求任意常数的绝对值，并拓展延伸代数式绝对值的求法。

课标摘录：

《义务教育数学课程标准（2022年版）》要求：

学生能借助数轴，理解相反数和绝对值的意义，掌握求有理数的相反数和绝对值的方法。

教学目标分解：

【学生学到什么程度】

A 组：初步形成数形结合思想。

B 组：熟练掌握有理数绝对值的求法和有关计算。

C 组：掌握有理数的绝对值的概念及表示方法。

【学生怎么学】

1. 能根据一个数的绝对值表示"距离"，初步理解绝对值的概念。

2. 给出一个数（针对学困生）或一个代数式（针对学优生），能求它们的绝对值。

3. 从上节课学的相反数到本节课学的绝对值，使学生感知数学知识具有普遍的联系性。

【教学重点】

给出一个数，会求它的绝对值。

【教学难点】

绝对值的几何意义，代数定义的导出；负数的绝对值是它的相反数。

一、创设情境

问题：有两辆汽车，第一辆沿公路向东行驶了 5km，第二辆向西行驶了 4km，为了表示行驶的方向（规定向东为正）和所在位置，分别记作 +5km 和 -4km。这样，利用有理数，就可以明确表示每辆汽车在公路上的位置了。

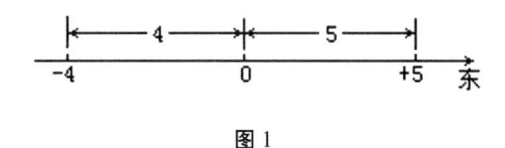

图 1

我们知道，出租汽车是计程收费的。这时，我们只需要考虑汽车行驶的距离，不需要考虑方向。当不考虑方向时，就可以将两辆汽车行驶的距离记为5km和4km。这里的5叫作+5的绝对值，4叫作-4的绝对值。

二、绝对值的定义

我们把在数轴上表示数a的点与原点的距离叫作数a的绝对值，记作$|a|$。

例如，在数轴上表示数-6与表示数6的点与原点的距离都是6，所以，-6和6的绝对值都是6，记作$|-6|=|6|=6$；同样可知$|-4|=4$，$|+1.7|=1.7$。

试一试：你能从中发现什么规律？由绝对值的意义，我们可以知道：

(1) $|+2|=$ _____，$\left|\dfrac{1}{5}\right|=$ _____，$|+8.2|=$ _____；

(2) $|0|=$ _____；

(3) $|-3|=$ _____，$|-0.2|=$ _____，$|-8.2|=$ _____。

答案：(1) 2、$\dfrac{1}{5}$、8.2；(2) 0；(3) 3、0.2、8.2。

在原点右边的点表示的数（正数）的绝对值有什么特点？在原点左边的点表示的数（负数）的绝对值又有什么特点？学生分类讨论，归纳出数a的绝对值的一般规律：

(1) 一个正数的绝对值是它本身；

(2) 0的绝对值是0；

(3) 一个负数的绝对值是它的相反数。

即：

(1) 若$a>0$，则$|a|=a$；

(2) 若$a<0$，则$|a|=-a$；

(3) 若$a=0$，则$|a|=0$。

三、绝对值的非负性

由绝对值的定义可知：不论有理数a取何值，它的绝对值总是正数或0（通常也称非负数），绝对值具有非负性，即$|a|\geq 0$。

四、例题解析

例1：（学困生）口算下列各数的绝对值：$-7\frac{1}{2}$，$\frac{1}{10}$，-4.75，10.5。

答案：略。

例2：（中等生）化简：

(1) $\left|-\left(+1\frac{1}{2}\right)\right|$；

(2) $-\left|-1\frac{1}{3}\right|$。

解：

(1) $\left|-\left(+1\frac{1}{2}\right)\right|=\left|-1\frac{1}{2}\right|=1\frac{1}{2}$；

(2) $-\left|-1\frac{1}{3}\right|=-1\frac{1}{3}$。

例3：（学优生）$|x-2|=4$，求 x。

答案：$x-2=4$ 或 $x-2=-4$，解得 x 为 6 或 -2。

【课堂小测试】

1.（学困生）在括号里填写适当的数：

$-|+3|=$（　　）；

$|$（　　）$|=1$；

$|$（　　）$|=0$；

$-|$（　　）$|=-2$。

2.（中等生）求 $+7$，-2，$\frac{1}{3}$，-8.3，0，$+0.01$，$-\frac{2}{5}$，$1\frac{1}{2}$ 的绝对值。

3.（学优生）$a<0$ 时，化简 $\dfrac{a+|a|}{3a}$ 的结果为（　　）。

A. $\dfrac{2}{3}$　　　　B. 0　　　　C. -1　　　　D. $-2a$

答案：1. -3、± 1、0、± 2；2. 7、2、$\dfrac{1}{3}$、8.3、0、0.01、$\dfrac{2}{5}$、

关注差异 整体提高
——县域农村初中数学"隐性分层教学"的实施

$\frac{3}{2}$；3. B。

【自我检测】

1. （学困生）回答下列问题：

（1）绝对值是 $\frac{3}{4}$ 的数有几个？各是多少？

（2）绝对值是 0 的数有几个？各是多少？

（3）有没有绝对值是 -2 的数？

（4）求绝对值小于 4 的所有整数。

2. （学困生、中等生）计算：

（1）｜-15｜-｜-6｜；　　　（2）｜-0.24｜+｜-5.06｜；

（3）｜-3｜×｜-2｜；　　　（4）｜+4｜×｜-5｜；

（5）｜-12｜÷｜+2｜；　　　（6）｜20｜÷$\left|-\frac{1}{2}\right|$。

3. （中等生、学优生）检查了5个排球的重量（单位：克），其中超过标准重量记为正数，不足的记为负数，结果如下：

-3.5，+0.7，-2.5，-0.6。

其中哪个球的重量最接近标准？

4. （学优生）有理数 a、b、c 在数轴上的位置如图2所示。

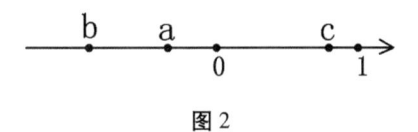

图2

试化简：｜$a+b$｜-｜$b-1$｜-｜$a-c$｜-｜$1-c$｜= _____。

答案： 1. （1）两个，$\pm\frac{3}{4}$；（2）一个，0；（3）没有；（4）0、±1、±2、±3。

2. (1) 9；(2) 5.3；(3) 6；(4) 20；(5) 6；(6) 40。

3. -0.6。

4. -2。

【教学反思】绝对值是初中数学一个非常重要的概念，它具有非负性，在数学中有着广泛的应用。本节课从几何与代数的角度阐述绝对值的概念，重点是让学困生掌握求一个已知数的绝对值的方法，让学优生掌握求一个代数式的绝对值的方法。本节课的难点是绝对值的几何意义、代数定义的导出、"负数的绝对值是它的相反数"。

课堂上要留时间、空间给不同层次的学生提问，将学生的问题及时反馈给教师。

【案例7】

人教版数学"分式的化简及求值"中考复习

教材分析：

本节课的教学内容主要是分式的化简及求值有关运算，属于"数与代数"领域。分式是不同于整式的一类有理式，是代数式中的重要概念。另外，化简求值涉及的知识广而宽，可以培养学生观察、猜想、分类讨论等能力。

学情分析：

A、B层次的学生已经能熟练解答因式分解相关问题，C层次的学生可以进行简单常规的因式分解，正确率在50%以上。

课标摘录：

《义务教育数学课程标准（2022年版）》要求：

（1）学生了解分式和最简分式的概念，能利用分式的基本性质进行约分和通分，能对简单的分式进行加、减、乘、除运算。

（2）学生了解代数推理。

教学目标分解：

【学生学到什么程度】

A、B层次：能熟练进行因式分解（提公因式法，平方差、完全平方公式的公式法)、通分、最简公分母的约分,能利用混合运算法则正确化简求值。

C 层次:会运用提公因式法、公式法进行因式分解。

【学生怎么学】

以例题为中心,让学生熟练掌握分式的化简及求值方法,并在练习题中巩固提升。

【教学重点】

分式的基本性质和分式的化简。

【教学难点】

分式的化简,通过分式的运算解决简单的实际问题。

一、教学过程

1. 考点知识精讲

例1:(2021·黔东南)先化简,再求值:$\frac{x^2+3x}{x^2-4x+4} \div \frac{x+3}{x-2} \cdot \frac{x^2-4}{x}$。然后,从 0、1、2 三个数中选一个你认为合适的数代入 x 求值。

分析点拨:

(1) 分式乘除的结果应是最简分式或整式;

(2) 能因式分解的先分解,找到公因式约分,简化计算过程;将 x^2-4x+4 因式分解为 $(x-2)^2$,x^2+3x 提公因式得 $x(x+3)$,将 x^2-4 因式分解得 $(x+2)(x-2)$,然后约分,化简成最简分式或整式,最后代入适合的数求值。

解:原式 $=\frac{x(x+3)}{(x-2)^2} \cdot \frac{(x-2)}{(x+3)} \cdot \frac{(x+2)(x-2)}{x}=x+2$,把 $x=1$ 代入原式得 $1+2=3$。

【设计意图】灵活考查因式分解的方法。在代值的时候,要考虑分式有无意义,有时不是所给的值都可以用。

教师提问:解答此题主要使用了哪些知识点?(因式分解,除法法则,约分）在使原式有意义的情况下选数代入求值。注意：需要考虑 x 不能取哪些值（考虑分母不能为零）。

2. 课堂练习设计

（1）先化简，再求值：$\left(\dfrac{x^2-2x+4}{x-1}+2-x\right)\div\dfrac{x^2+4x+4}{1-x}$，其中 x 满足 $x^2-4x+3=0$。

（2）化简求值：$\dfrac{m-3}{m-2}\div\left(m+2-\dfrac{5}{m-2}\right)$，其中 $m=\left(\dfrac{1}{3}\right)^{-1}+(2-\pi)^0+\sqrt{8}-|-7|$。

答案：（1）原式化简得 $-\dfrac{1}{x+2}$，当 x 为 1 时原式无意义，所以 x 为 3，原式 $=-\dfrac{1}{5}$。

（2）原式化简得 $\dfrac{1}{m+3}$，m 的值化简得 $2\sqrt{2}-3$，所以原式 $=\dfrac{\sqrt{2}}{4}$。

【设计意图】依据中考对化简求值的考查频次和偏好的题型，设置该课堂练习，帮助学生在夯实基础后拓展提升。

【设计解决方法】A 层次学生在独立完成练习题后，协助 C 层次学生完成；B 层次学生可以在小组范围内讨论完成。5 分钟后，教师随机让一名 B 层次学生上台演算，再随机让一名 A 层次学生点评。

二、课堂小结

这节课，你有哪些收获？还有什么疑惑？让学生总结本节课所学内容，教师补充。

三、层次性作业布置

1.（2020·黔东南）先化简，再求值：$\left(\dfrac{3}{a+1}-a+1\right)\div\dfrac{a^2-4}{a^2+2a+1}$，然后从 -1、2、3 中取一个你认为合适的数代入求 a 值。（A、B、C 层次完成）

答案：原式化简得 $-a-1$，当 a 为 -1 或 2 时原式无意义，所以 a 为 3，原式＝-4。

2.（2017・黔东南）先化简，再求值：$\left(\dfrac{1}{x-y}-\dfrac{1}{x+y}\right)\div\dfrac{2y}{x-y}$，其中 x、y 满足 $|x-1|+(y+2)^2=0$。（A、B 层次完成）

答案：原式化简得 $\dfrac{1}{x+y}$，当 x 为 1，y 为 -2 时，原式 =-1。

3.（2015・黔东南）先化简，再求值：$\dfrac{m-3}{3m^2-6m}\div\left(m+2-\dfrac{5}{m-2}\right)$，其中 m 是方程 $x^2+2x-3=0$ 的根。（A 层次完成）

答案：原式化简得 $\dfrac{1}{3m(m+3)}$，当 m 为 -3 时原式无意义，所以 m 为 1，原式 $=\dfrac{1}{12}$。

四、板书设计

分式的化简求值

1. 因式分解：提公因式法、公式法；
2. 通分：找最简公分母（3 个步骤）；
3. 约分：分子分母含有相同的因式、相反的因式；
4. 考虑分式代入求值的几种情形。

【案例 8】

基于 2022 年版新课程标准的初中数学"隐性分层教学"教学评一致性的教学设计案例

课题	线段的垂直平分线		
日期	××××年××月××日	节次	第二节
来源	人教版八年级数学上册		
课型	概念课	授课对象	八年级学生
主备人	×××	单位	××县××中学

一、教学目标确立依据

（一）课标分析

1. 课标摘录《义务教育数学课程标准（2022 年版）》要求：

（1）学生了解线段的垂直平分线的定义和性质，并能用尺规作图法画出线段的垂直平分线。

（2）学生掌握线段垂直平分线的判定定理，并能运用该定理解决简单的几何问题。

（3）学生理解轴对称图形与线段垂直平分线之间的关系，并能利用该关系判断图形是否轴对称。

2. 课标分解

（1）学生学什么

基础层次：知道垂直平分线的定义、基本性质，学会用尺规作图法画出一条线段的垂直平分线。

提升层次：用等腰三角形的性质证明一条直线是一条线段的垂直平分线。

拓展层次：学习画出多条相交或平行的垂直平分线，并利用垂直平分线进行图形变换和对称操作。

（2）学生学到什么程度

基础层次：能够理解垂直平分线的定义和性质，能够用尺规作图法画出一条线段的垂直平分线，能够判断一条直线是不是一条线段的垂直平分线。

提升层次：能够用等腰三角形的性质证明一条直线是一条线段的垂直平分线。

拓展层次：能够画出多条相交或平行的垂直平分线，并利用垂直平分线进行图形变换和对称操作。

（3）学生怎么学

基础层次：通过观察、实验、尺规作图等活动，感知垂直平分线的概念和性质，掌握用尺规作图画出一条线段的垂直平分线的方法，能够用量角器或尺规判断一条直线是不是一条线段的垂直平分线。

提升层次：通过等腰三角形的性质，证明一条直线是一条线段的垂直平分线；运用垂直平分线进行简单的推理和证明，如利用垂直平分线判断两个点是否关于某点对称等。

拓展层次：通过探索、发现、归纳等活动，探究画出多条相交或平行的垂直平分线的方法，并利用垂直平分线进行图形变换和对称操作，如利用两个点关于某点对称构造正方形等。

（二）教材分析

这一节课主要讲解了垂直平分线的定义和性质，以及如何用尺规作图法画出线段的垂直平分线。"线段的垂直平分线"是学生学好三角形中垂线、等腰三角形等内容的基础。

（三）学情分析

基础方面：学生对垂直、中点、角平分线等的概念和性质不够熟悉，可能会在理解和运用相关知识时遇到问题。

兴趣方面：学生对于几何图形缺乏观察力和想象力，或者认为几何题目太抽象、太枯燥，因此可能会对学习垂直平分线缺乏兴趣和动力。

思维方面：学生缺乏逻辑推理能力和创造性思维能力，或者不善于从已知条件出发，寻找解题思路和方法，因此可能会在解决关于垂直平分线的问题时无从下手。

（四）学习目标

基础层次：了解垂直平分线的定义和性质，能用尺规作图法画出一条线段的垂直平分线，能运用垂直平分线解决简单的问题。

提升层次：能用尺规作图法画出一条线段的垂直平分线，能运用等腰三角形的性质证明一条直线是一条线段的垂直平分线，能运用垂直平分线解决较复杂的问题。

拓展层次：能运用尺规作图法画出多条相交或平行的垂直平分线，能利用垂直平分线进行图形变换和对称操作，能运用垂直平分线解决具有创新性和探究性的问题。

(五) 评估任务

1. 通过实践作业，检测学生能否运用垂直平分线解决实际问题或绘制美丽的图案。

2. 针对数感、思维方法、表达能力等，组织学生自评或者互评。

二、教学过程

(一) 知识回顾

1. 轴对称的性质是什么？

师生活动：教师展示图形1，提问学生。学生思考并回答：如果两个图形关于某条直线对称，那么对称轴是任何一对对应点所连线段的垂直平分线。

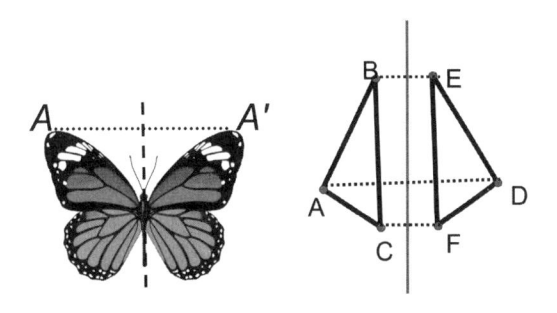

图1

【设计意图】温故知新，通过复习已学的知识，引出新课内容。

2. 线段垂直平分线的性质什么？如何判定线段的垂直平分线？

师生活动：教师展示图形2，提问学生。学生思考并回答：线段垂直平分线的性质是：线段垂直平分线上的点与这条线段两个端点的距离相等；判定方法是：与线段两个端点距离相等的点在这条线段的垂直平分线上。学生回答后，教师点评。

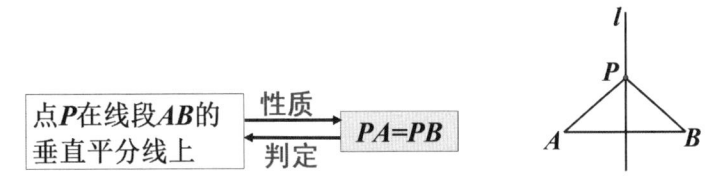

图2

【设计意图】 让学生通过观察、思考，复习线段的垂直平分线的性质和判定方法，为教学本节课的内容做铺垫。

追问：有时我们感觉两个平面图形是轴对称的，如何验证呢？不折叠图形，你能准确地画出成轴对称的两个图形的对称轴吗？

师生活动：学生思考并说出自己的想法。当学生感到困惑时，教师结合图形3，适当提示：可画出其中几对对应点的垂直平分线，看它们是否为同一条直线。

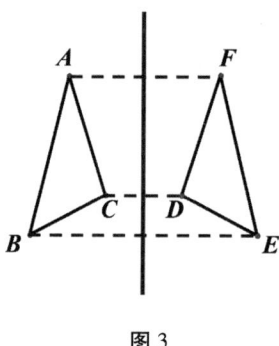

图3

【设计意图】 情景再现，让学生更直观地感受到图形的变化，为后面的学习做铺垫。

（二）新课讲授

问题1：如图4，点 A 和点 B 关于某条直线成轴对称，你能画出这条对称轴吗？

图4

师生活动：教师提出问题，学生思考可以利用学过的哪些知识点来解决问题，教师提示并画图操作演示。（要求所有层次的学生都能动手画）

作法：如图5，分别以点 A 和点 B 为圆心，以大于 AB 的一半长为半径作弧，两弧相交于 C、D 两点；作直线 CD，则直线 CD 为所求的直线。

归纳：利用作成轴对称图形的对称轴的画法，根据"两点关于某条直线成轴对称,其对称轴是它们所连线段的垂直平分线",还可以得到线段的垂直平分线的作法并确定线段的中点。

【设计意图】教师提出问题,让学生学会用所学知识点解决实际操作问题,提高学生的动手操作能力,让学生用数学的语言表达世界。

问题2:如图6,与图形A成轴对称的是哪个图形?画出它们的对称轴。

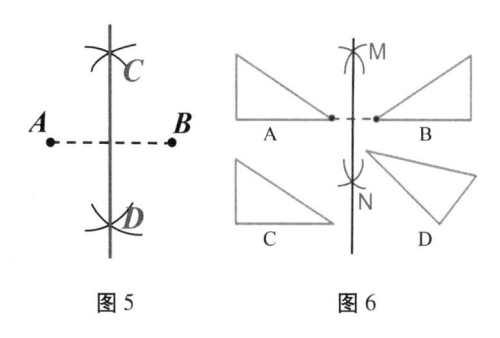

图5

图6

师生活动:教师提出问题,学生观察思考,发现图形的特点并归纳总结:两个图形关于某条直线成轴对称,只要找到任意一组对应点,画出对应点所连线段的垂直平分线,就得到了此图形的对称轴。

【设计意图】教师提出问题,让学生思考和讨论,总结规律。

问题3:对于一个轴对称图形,如何画出它的对称轴?如图7,你能画出这个五角星的其他对称轴吗?

师生活动:教师提出问题,学生观察并思考,发现图形的特点,通过作五角星的对称轴得出方法。对于轴对称图形,只要找到任意一组对应点,画出对应点所连线段的垂直平分线,就能得到此图形的对称轴。

图7

【设计意图】通过类比,学生可以获得有关对称轴的基础知识和作对称轴的方法。

三、课堂练习

1. 如图8，角是轴对称图形吗？如果是，它的对称轴是什么？（角是轴对称图形，它的对称轴是角平分线所在的直线）

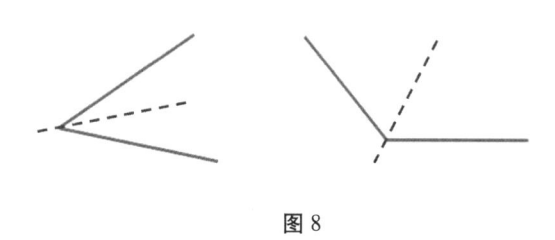

图8

要求：C组学生能认识轴对称图形；A、B组学生不仅能认识轴对称图形，而且能画出它们的对称轴。

2. 政府为了方便居民的生活，如图9，计划在三个住宅小区A、B、C之间修建一个购物中心。该购物中心应建于何处，才能使得它到三个小区的距离相等？

要求：A、B组学生能独立答题，C组学生能在小组成员的帮助下答题。

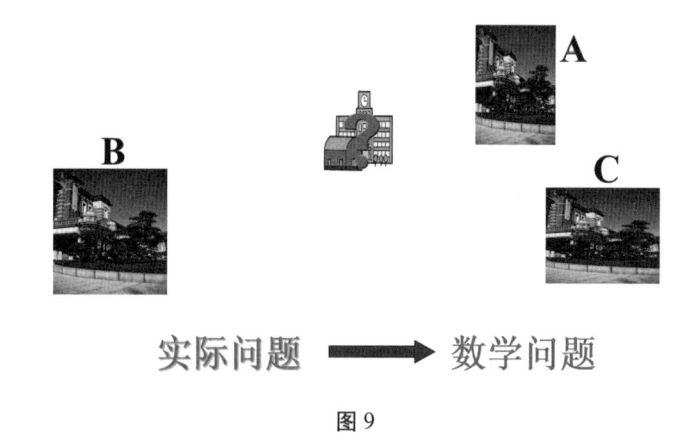

图9

答案提示：连接AB、AC、BC，作它们的垂直平分线，交点即为所求。

师生活动：教师提示学生把实际问题转化成数学问题。如图10，点A、

B、C 表示三个小区，现要修建一个购物中心，使它到三个小区的距离相等，求购物中心的位置 P。学生动手操作，得出解题方法：线 a 上的点到点 A、B 的距离相等，线 b 上的点到点 B、C 的距离相等，点 P 到点 A、B、C 的距离都相等，所以点 P 为所求。

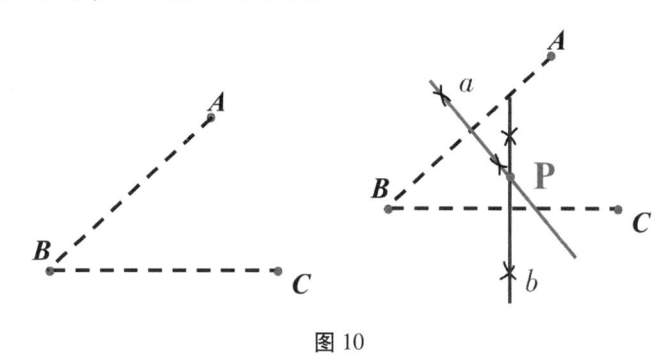

图 10

【设计意图】将生活中的实际问题转化为数学问题，引导学生思考，慢慢培养学生用数学的眼光观察世界的意识，用数学的思维思考世界的习惯，用数学的语言表达世界的能力。在这个过程中，针对不同层次的学生，要求他们达成的任务不同，让他们都能参与课堂小组讨论，有事可做，有问题能思考，有想法能表达，从而对数学保持学习的兴趣。

四、课堂小结

本节课的学习内容：

1. 作线段的垂直平分线的依据。（要求 C 组学生能理解）

2. 用尺规作轴对称图形的对称轴。（要求 A、B 组学生能完成）

【设计意图】引导学生从知识内容和学习过程两个方面来总结自己的收获，把握本节课的核心——作线段的垂直平分线，回顾由知识到操作的过程，体会数学在实际生活中的作用。

五、巩固提升

如图 11，两个班的同学分别在道路 AB、AC 上及 M、N 两处参加义务劳动。现在要在 AB、AC 的交叉区域内设一个茶水供应点 P，使 P 到两条道路的距离相等，并且 $PM=PN$。请你帮同学们确定点 P 的位置。

图 11

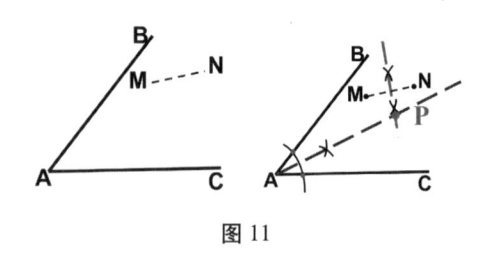

【设计意图】考查学生对本节课知识的掌握情况。本题属拓展类题型，针对 A 组学生的能力来设计，要求 B 组学生在 A 组学生的帮助下完成，C 组学生在老师的帮助下理解。

4.2 以学生为中心的层次性备考训练

1. 关注不同层次学生的学习状态

要提高县域农村初中数学教学水平，必须以学生为中心，基于数据分析，关注到不同层次学生的学习状态，采取具有针对性的教学策略。

基于数据分析的初中数学层次性备考训练

数学是一门逻辑性较强的学科，学习数学需要具备一定的逻辑思维能力。由于理解能力各异，在学习数学的过程中，学生的学习效率并不相同，正如世界上没有两片完全相同的叶子。有的学生的理解能力强一些，在学习数学时可能就容易一些；而有的学生的理解能力较弱，在学习数学时就需要花费更多的时间与精力。如果能够按照学生的学习能力，为他们划分不同的"隐性"层次，对不同层次的学生预设不同的要求，就能够更好地提高数学教学的针对性。以下就具体实例谈谈基于数据分析的初中数学层次性备考训练。

一、数据分析

在每次综合测试之后，数学教师对班级学生的数学成绩进行数据分析，抓住学生的薄弱项进行强化训练，对提高班级数学成绩大有帮助。

(一) 学生个体数据分析

例如，"整式的加减"考点登记失分情况如下：A1组共12人，只有1人没有做对；A2组共12人，7人拿不到满分；B1组共13人，3人拿不到满分；B2组共13人，5人拿不到满分；C组共10人，10人全是零分。

由此可以看出，A1组学生已熟练掌握整式的加减计算，唯一做错的学生也是在马虎大意下失了分；B1组、B2组学生的成绩比A2组理想，教师要分析原因；C组学生全体失分，教师要组织C组学生重新学习整式的加减。

(二) 学生整体分析

以学校智学网阅卷为例，考试阅卷完成后，教师可以在平台上看到测试班级和年级的平均分、最高分、优秀率、及格率、低分率、标准差以及各分数段的人数等各种数据。在"成绩单"里，教师可以查看学生的考试成绩及其班级名次、进退步名次，还可以查看学生的答题原卷，了解学生的答题情况，让学生的错误成为数学课堂教学资源。同时，系统会整理出进退步较明显的学生的名单。教师可以适时表扬进步的学生，给予他们鼓励。对于退步的学生，教师要及时与他们谈心，帮助他们分析退步的原因，并督促他们及时调整。

(三) 关于各知识点掌握情况数据的分析

总成绩只能帮助教师大体了解学生的学习情况，教师要想细致地了解学生对各个知识点的掌握情况，就要统计各知识点对应小题的学生得分情况。阅卷系统能够记录每个考生每道小题的得分，教师可以借此查看每道题的班级平均分和学生的作答情况，详细到每道题拿满分的有哪几个学生，扣分的又有哪几个学生等。通过分析各题的得分情况，教师就可以知道某个知识点、某个类型题是否需要重点讲解。阅卷系统提供的大数据可以辅助教师更有效地讲评试卷。

二、强化训练

考卷下发后,教师应先给予学生自我纠错、自我反思的时间,让学生解决力所能及的问题,提高学生的自主学习能力。教师要深入讲解错误率较高的问题。

(一)小组合作:讨论纠错

试卷发下来后,学生会自发地对比成绩,讨论或争论某题的对与错。对于得分率处于中间水平的问题,教师可以通过小组合作讨论的方式,帮助学生答疑解惑,答错的学生也可以说说自己为什么会选择错误的答案,答对的学生同样可以介绍自己的思考过程。

(二)共性错误:归类剖析

对于全班得分率很低的问题,教师要带领学生一起改错,引导学生找到错因、归纳解题方法等。教师重点以试题为载体,讲解其考查的知识点,帮助学生巩固、完善、深化。

(三)延伸拓展:巩固发散

教师讲评完试卷后,最好能让学生做一些相应的巩固练习或延伸拓展题。教师可以自己预先选好题,也可以直接用智学网系统推送的巩固拓展题。

(四)针对训练:有序推进

1. 加强错题修改的检查力度

错题是非常好的学习资源,教师要督促学生修改错题并反思。

2. 加强一对一辅导

针对C组学生,教师要从课本入手,结合考题,一对一多次辅导,然后通过练习题检测他们对知识点的掌握情况。

3. 落实"兵教兵"

教师要充分发挥学习小组的作用,让A组学生帮扶B组学生,B组学生帮扶C组学生。

4. 分析经验心得

教师要挑选一些数学学习成绩突出且稳定的学生,让其在课堂上分享自己学习数学的心得,供全班同学借鉴参考。

基于数据分析,教师可以更精准地把握学生在数学学习方面存在的问题,并采取具有针对性的教学措施。例如,对于大多数学生遇到的问题,教师在课上统一重点讲解;对于个别学生遇到的问题,教师在课后单独辅导,这大大提高了教学效率。系统平台提供的大数据对于分析试卷、评估优化、资源共享等工作都有很大的帮助,能帮助教师及时改进教学中的不足之处,使学生进步得更快。例如,根据考试报告和数据分析,从丢分题目、丢分原因到知识点分析与进退步分析,学生可以更清楚地了解到自己的真实学情,发现自己的薄弱点,及时扫清障碍,更有效地提高成绩。

2. 让不同层次学生经历学习的再体验

以学生为中心的初中数学教学,鼓励学生进行自我评价。不同层次的学生都要实现从"学会"到"会学"的学习水平转化,实现学习能力的质的提升。"学会"只是把知识的识记、简单应用作为学习目标,满足于记得住、说得出、答得上、解得来;而"会学"则是在学会的基础上,要求学生理解记忆、独立思考、善于探索和质疑,通过自主学习来获取知识。在学习动机上,目标停留在"学会"的学生往往比较被动,学习行动受教师支配,自主性没有得到充分的发挥,而"会学"的学生会积极主动地学习,充分发挥了学习自主性。

做错题未必是坏事,但如果只改正错题,那学生就只停留在"学会"的层面。数学教师要引导学生观察、思考、纠正、再练错题,让其经历学习的再体验,从"学会"走向深层次的"会学"。

关注差异 整体提高
——县域农村初中数学"隐性分层教学"的实施

【案例1】

学生与"反比例函数"的错题故事

如图1，点 A 是反比例函数 $y=kx^{-1}$ ($x<0$) 图像上的一点，过点 A 作 $AB \perp y$ 轴于点 D，且点 D 为线段 AB 的中点，若点 C 为 x 轴上的任意一点，且三角形 ABC 的面积为4，则 $k=$ _____。

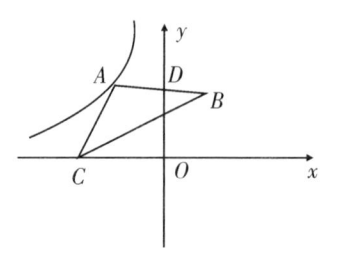

图1

学生的错误解题思路：

设 $DA=DB=x$，A 到 y 轴的距离为 m，则 $\dfrac{2xm}{2}=4$，$mx=4$，所以 $k=mx=4$。

正确的解题过程：

设 $DA=DB=x$，A ($-x$, m)，由三角形面积公式得 $\dfrac{2x \cdot m}{2}=4$，$mx=4$，又因为图象在第二象限，所以 $k=-mx=-4$。

【学生反思】我因为自大和马虎，对符号判断失误，也没有静下心来检查答题步骤，下次一定要吸取教训。

【教师点评】该同学从错题中反思，自己改错并吸取教训，有效地避免了在今后的答题中再犯同类型的错误。

【教学反思】在教学反比例函数的图象与性质时，教师不能只盯着知识点，要充分体现学生的教学主体地位，让学生提出问题，再引导学生解决问题。

【案例2】

学生与"90分"的故事

【学生反思】90分，刷新了本人近三年数学考试成绩最低分的纪录。自从迈入九年级，此纪录已被连续破了两次。这次数学考试，我根据题目难度，预计自己的成绩应该在120—130分。但在数学考试途中，学校通知更换答题卡，突如其来的"答题卡事故"打乱了我的答题节奏，不仅让我没有时间完成四道大题，而且让我犯了平时不会犯的错误。"答题卡事故"是全校性的事件，可数学成绩在100分以下的全班就只有我一个。我向班级内数学成绩在125分以上的同学请教，得知他们的制胜法宝是：考试时，先拿下送分题，遇到难题后思考100秒，如果还是不会做就略过……反观自己，我在考试时总是喜欢挑战难题，耗费在难题上的时间太多，于是没有多余的时间检查试卷的答题情况，或是应对考试中的突发情况。我一直想做难题、考高分，却忽略了人生是一步一个脚印走出来的。

【教师点评】对于一个初中生来讲，数学模考成绩有起伏，是正常的现象。这位学生在考试中遇到突发事件，导致成绩与预期值严重不符，但他并没有被挫折打败，反而迎难而上，反思失败的原因，积极向同学讨教，再战高分！

【教师反思】作为初中教师，我们不能故步自封，要及时和学生交流、沟通，听听学生的心声。因此，我们在教学的过程中，一定要深入学生群体，在为他们释疑的同时，懂得倾听他们的数学表达。

【案例3】

学生与"17分"的故事

【学生反思】本次半期考试，我考了一个还没有我姓名笔画多的分数，感到十分羞愧，我考低分的原因如下：一是熬夜玩手机，导致白天没精力听课；二是考试时心不在焉、昏昏欲睡，被监考老师叫醒了好几次。比如，数学试卷的第一道大题（解答题）是解一元二次方程，我因为疲倦，就懒得去思考、去做。试卷发下来后，我重新看了一遍题目，发现自己其实会做。解题步骤如下：解方程 $x^2-x=2$，移项得 $x^2-x-2=0$，用因式分解得 $(x-2)(x+1)=0$，整理得 $(x-2)=0$ 或 $(x+1)=0$，解得 $x_1=2$，$x_2=-1$。

【教师点评】希望你能吸取教训，不再熬夜玩手机，下次考试力争每题必做、每分必争。

【教师反思】 教育工作者要学会唤醒学生的求知欲，让他们主动、能动地学习，而不是强行灌输给学生一箩筐知识。教育是为了不教育，即教育是为了引导学生进行自我教育。当学生能够进行自我教育的时候，他们就会全身心地投入学习。

4.3 补短、培优、提中教学案例

1. 辅导学困生的实践研究案例

【案例1】

只有善待后进生，才能体现教育的良心
——抓好后进生的辅导工作

后进生都普遍缺少学习的主动性和自觉性，如果教师没有为他们安排好学习任务，他们或多或少都会浪费课余时间。同时，后进生的基础较差，课堂知识接受能力不足，需要教师在课后对其进行强化。针对这些情况，我对后进生实施多做多练措施，题型主要是简单的基础题，从而让他们牢固掌握基础知识。

另外，教师要抓好对后进生的课外辅导工作，并时常私下了解他们的学习情况。对后进生进行辅导不能局限于提升他们的知识水平和课堂知识接受能力，还要注重对他们进行心理辅导，激发他们的学习动力和信心，多鼓励他们。

初中数学知识的逻辑性、系统性比较强，这也是造成数学是县域农村初中薄弱学科的原因之一。其逻辑性、系统性首先表现在教材知识的衔接上，前面所学的知识往往是学习后面知识的基础；其次表现在掌握数学知识的技能技巧上，形成新的技能技巧必须借助于已有的技能技巧。因此，

学生如果不能在教师讲授新课前掌握所学知识，形成技能，就跟不上集体学习的进程，成绩每况愈下。所以，教师在教学中一定要创造机会让后进生多表现，让他们多动脑、动口、动手。例如，在学习"勾股定理"时，让后进生利用赵爽图来证明勾股定理，他们不知从何处入手。这时，教师可以先让后进生辅助学优生动手拼三角形模型，再让学优生分析和讲解勾股定理的证明方法，最后让后进生总结。

教师还可以采取激励机制，对后进生的每一点进步都给予肯定，并鼓励其继续进取，让他们体验到成功带来的喜悦。例如，在后进生回答问题时，只要意思沾边，教师都给予鼓励；分层布置作业，布置给后进生的作业重在帮助他们巩固基础知识，重拾学习兴趣。

发挥学优生的优势，以"师徒结对"的形式，让学优生辅导后进生学习。后进生的成绩进步明显或课堂表现良好，教师对"师徒"都给予加个人量化分的奖励，以提升学优生的责任感和后进生的学习动力。为后进生安排特殊座位，以优带差。在解决难度较大的问题时，允许后进生带着书和凳子到学优生旁边跟着学习。例如，在学习"勾股定理的应用"时，后进生很难独立完成相关例题。为了在规定的时间内完成本节内容，教师可以让后进生观摩学优生解题，在学优生的帮助下理清楚解题方法和技巧，然后自己动手整理和书写。这样不仅锻炼了学优生的数学表达能力，也帮助后进生巩固了所学知识。

"没有爱就没有教育"，在县域农村初中数学教学中，对于后进生，教师要以高度的责任感和事业心去对待他们。

【案例2】

一个都不能少

——小议"隐性分层"教学中 C 组学生的管理

关心学困生，面向全体学生因材施教——这是"隐性分层"教学的重点。

一、学生分析

2011 年版《义务教育阶段初中数学课程标准解读》指出,"在教学中要做到既面向全体学生又因材施教"。我新接手一个班级,总要设法摸清学生的"底细",对学困生的情况更要了如指掌。

我接任七年级 5 班和 16 班的数学教学,两个班的小升初考试数学人均分都是 40 多分。

二、强化辅导的过程

1. 不歧视学习有困难的学生,也不纵容成绩优秀的学生,一视同仁,平等地对待每一个学生。

2. 善于发现学生的闪光点。

3. 县域农村初中有很多学生都是留守儿童,父母长期外出打工,对他们学习与生活的关照有限。所以,教师除了关注学生的学习情况,也要关心学生的生活与心理状况,给予他们温暖。

4. 联系实际生活,多为学生讲述成功人士的案例,告诉他们失败并不可怕,可怕的是在失败中退缩。例如,我们大家都熟悉的阿里巴巴创始人马云,1982 年第一次参加高考时,数学只考了 1 分。第二年再次参加高考,马云有所进步,数学考了 19 分。马云的父母见状,都劝他别再复读了,趁早学一门手艺,将来好谋生。马云没有放弃,1984 年第三次参加高考。这次,他数学考了 89 分,但总分离本科线还差 5 分,好在他的英语成绩十分优秀,最终被杭州师范学院外语专业破格录取。中共二十大代表、贵州省望谟县实验高级中学副校长刘秀祥 4 岁时,父亲不幸病故,哥哥姐姐也相继离家。从小学三年级起,刘秀祥就和因患病而失去生活自理能力的母亲相依为命。刘秀祥没有在苦难面前低头,他通过努力学习,最终圆了大学梦,并带着母亲上大学。

5. 在教学上为学困生开通"绿色"通道。比如,在课堂上多为学困生提供回答问题与板演的机会;适当减少学困生的作业,在提高练习质量上下功夫;考试命题时,考虑到学困生的学习情况,增加一些难度较小的基础题，以此检验学困生的学习成果；作业、试卷面批，让学困生真正明白错误的原因，切实改正；经常对学困生进行个别辅导或集体辅导等。

三、取得的效果

1. 关爱学困生，不放弃每一个学生，教师的教育思想才能得到提升。教育是静待花开的事业，教师要有"我带蜗牛去散步"的教育观。

2. 有付出就会有收获。期末全州统测，我任教的班级的数学人均分又处在全县前列，40分以下的只有1人。我想，这是因为实施了隐性分层教学，各个层次学生的差距在减少，学生成就了老师，师生之间由"对手"变成了"队友"！

【案例3】

××县××中学七年级12班、13班"补差"实施探索

数学是一门实用型学科，本着"没有差生，只有差异"的原则，基于教育"双减"政策，结合2022年版初中数学新课程标准的要求，要想使数学教育教学均衡化发展，就要做好"培优补差"工作。而且，针对学困生的"补差"工作是提升数学教学质量的关键。因此，教师必须从学困生抓起，制定目标、规划课堂、设计作业，长期不懈地坚持下去，真正让学困生树立起学习的信心和勇气，克服自卑心理，形成"赶、帮、超"的学习氛围。这样才能使学困生学有所长、学有所用，从而全面提高学困生的学习成绩，全面提高教学质量。

以我任教的七年级12班、13班为例，小升初的数学成绩，两班的低分人数居多，30分以下的就各有十多人，数学成绩严重失衡，高低分落差很大。面对这样严峻的现状，教师在教学中不能对所有学生提出同一要求，导致学优生吃不饱，学困生消化不了。因此，我全面贯彻课题组探究的初中数学"隐性分层教学"的基本要求和目标，在数学教学中渗透和实施隐性分层教学，分层"补差"，帮助学困生取得适当进步，改变自卑心

理，逐渐培养较好的学习习惯，提高学习成绩，提高数学运用能力，缩短与中等生的差距。

一、"学困生"的成因分析

造成学生学习困难的原因主要有下面两大类：

一类是学生内部原因：①学生缺乏明确的学习目标，对数学缺乏兴趣，上课注意力不集中，做作业拖拉；②学生缺乏克服学习困难的顽强意志和坚韧毅力，遇到困难易退缩、易消沉；③学生的基本功不扎实，没有掌握正确的学习方法；④叛逆，因为不喜欢数学老师而不喜欢学数学。

另一类是外部环境原因：①父母外出务工，对孩子缺乏监管，孩子沉迷于手机游戏；②家庭关系不和谐，父母经常吵架甚至离异等，给孩子的心理健康造成了不好的影响，让他们产生了心理负担和压力。

二、"补差"策略

（一）建立学生个人成长档案，有针对性地"补差"

1. 私下与学生沟通交流，了解他们的学习情况和家庭情况，并为他们建立个人成长档案，为以后有针对性地"补差"做好铺垫。

2. 采取隐性分层教学模式，将学生按照成绩和表现分为 A 组、B 组和 C 组。其中，成绩和表现好的为 A 组，成绩和表现中等的为 B 组，成绩和表现较差的为 C 组。在分组时，给学生讲清楚分组的目的和重要性，以消除他们的消极心理，让他们积极配合分组工作。

（二）分层教学管理的具体方法

1. 数学课堂教学分层，达到"隐性"分层实效

荷兰数学教育家弗赖登塔尔说："教师的作用就是使每一个学生达到尽可能高的水平。"教学分层是课堂教学中最难操作的部分，也是教师工作中最富创造性的部分。从开学初，我便整体浏览和把握七年级上册教材的知识点，然后有针对性地制定任务清单，要求学生逐一完成，完成出色的学生会得到一个小小的奖励，并鼓励其他学生再接再厉。具体做法是：

（1）在备课时，我以 2022 年版初中数学新课程标准为宗旨，将教材

内容与学生的实际相结合，设计了一些具有层次性的问题。同时，通过重组教科书中的练习，或选编针对不同层次的习题，"下要保底，上不封顶"，辅助层次性教学。

（2）在数学课堂上，我秉持"重点突出教师的导，重在转化，妙在开窍，以生为本"的教学理念，借助高标准分层次当堂练习，让学生"吃得饱、吃得好"。比如，简单的问题让 C 组学生回答，并为他们制定专门的"补差"记录表，如实填写他们的表现，课后再逐个辅导达不到目标的学生；难度适中的问题留给 B 组学生回答；难度大的问题让 A 组学生回答。通过这样的分层，以"放"为主，"放"中有"扶"，每个层次的学生均能积极且有效地参与教学活动，激发主动学习数学的欲望，促进数学思维和能力的发展。

表1　C组学生辅导知识记录表

辅导时间	第　　周
辅导地点	教师办公室（8分钟）
辅导对象	C组学生姓名：＿＿＿＿＿＿＿
辅导内容	复习概念：正数，负数，整数，分数，有理数，相反数。 例题： 1. 规定（→3）表示向右移动3，记作+3，则（←2）表示向左移动2，记作＿＿＿＿。 2. 如果将"盈利5%"记作+5%，那么-3%表示＿＿＿＿＿。 3. $\frac{1}{6}$ 的相反数是＿＿＿＿。 4. -2022的相反数是＿＿＿＿。 5. 在数1、0、-1、-2中，最大的数是＿＿＿＿。 6. 请写出一个温度比-2℃低的温度：＿＿＿＿。 **答案**：1. -2；2. 亏损3%；3. $-\frac{1}{6}$；4. 2022；5. 1；6. -3℃。

续表

当堂检测	1. 在-1、0、1、2这四个数中，既不是正数也不是负数的是_____。 2. 如果规定向北走为正，那么走-200米表示_____。 3. 已知$-2\frac{1}{3}$的相反数是x，-5的相反数是y，z的相反数是0，求$x+y+z$的相反数。 答案：1. 0；2. 向南走200米；3. $\frac{22}{3}$。
辅导效果	
学生反馈	

2. 作业分层布置

分层作业练习是分层教学的核心环节，其意义在于巩固各层次学生的学习成果，把知识转化成技能，反馈教学信息。我采用一名学优生（或教师）带一名学困生的"一帮一"模式，并根据各层次学生的成绩，布置相应水平的作业。作业类型分成三种：①基本型作业——本课必须完成的作业；②提高型作业；③探索型作业。待学生完成分层作业后，我要求各层次的学生在作业本上对当天所学知识进行小结。

七年级数学隐性分层作业样本
有理数乘除法测试

姓名：_____ 得分：_____

（一）选择题（C组做第1—5题，A、B组做第1—7题，8分钟）

1. $(-2) \times 3$的结果是（　　）。

 A. -5　　　B. 1　　　C. -6　　　D. 6

2. 计算$-2 \times \left(-\dfrac{1}{2}\right)$的结果是（　　）。

 A. -1　　　B. 1　　　C. -2　　　D. 2

3. 0.2的倒数是（　　）。

 A. 5　　　B. $\dfrac{1}{5}$　　　C. $\dfrac{1}{2}$　　　D. 2

4. 计算 $-2\times(-2)$ 的结果是（　　）。

A. 6　　　　B. -6　　　　C. 4　　　　D. -5

5. $-\dfrac{5}{2}$ 的倒数是（　　）。

A. $\dfrac{5}{2}$　　B. $-\dfrac{5}{2}$　　C. $\dfrac{2}{5}$　　D. $-\dfrac{2}{5}$

6. 下面利用分配律计算 $-24\times\left(\dfrac{7}{12}-\dfrac{3}{8}-1\right)$，正确的是（　　）。

A. $-24\times\dfrac{7}{12}-\left(-24\times\dfrac{3}{8}-1\right)$　　B. $-24\times\dfrac{7}{12}-24\times\dfrac{3}{8}+24$

C. $-\left(24\times\dfrac{7}{12}-24\times\dfrac{3}{8}-1\right)$　　D. $-\left(24\times\dfrac{7}{12}-24\times\dfrac{3}{8}-24\right)$

7. 下列各组数中，互为倒数的是（　　）。

A. 2 与 -|-2|　　　　B. -（2）与 |-2|

C. -（-2）与 $\left|\dfrac{1}{2}\right|$　　D. $-\left|\dfrac{1}{2}\right|$ 与 +（-2）

8. 如果 a、b 互为倒数，那么 $2ab=$ _____。

答案：1. C；2. B；3. A；4. C；5. B；6. D；7. C；8. 2。

（二）填空题（A、B、C 组必做，3 分钟）

1×（-5）= _____；　　1÷（-5）= _____；

1+（-5）= _____；　　1-（-5）= _____；

-1+（-5）= _____；　　-1-（-5）= _____。

答案：-5；$-\dfrac{1}{5}$；-4；6；-6；4。

三、"隐性"分层教学"补差"成效

1. 我采用数学分层教学，杜绝了以往"一刀切"教学模式带来的弊端，照顾到了不同层次的学生，在达到教学目标的同时，活跃了课堂的学习氛围。

2. "分层"课堂中的分层提问、分层练习，以及课后的分层作业等，

让 C 组学生不再害怕学数学，改变了他们不良的学习习惯，调动了他们在课堂上的学习积极性与参与性。

3."分层作业实效性"实施的感悟。

2022 年 9 月 13 晚自习，我用 7 分钟时间，对 C 组学生进行有理数加法运算检测。我把练习试卷（10 道填空题）分发给 C 组的 13 名学生。C 组学生的答题情况如下：没有全对的学生，做对 5—8 题的有 3 人，余下学生答对的题都在 5 道以下，有 1 人仅对一道题，13 份答卷都有涂改痕迹。

教师的对策：①鼓励学生多学多练，每天坚持做 5 道简单的计算题。②分层布置作业，科学量化考核。

教师的反思："隐性分层教学"在帮助学生"补差"的过程中发挥了有的放矢的作用。但是，"滴水穿石非一日之功"，数学教学中的"补差"工作是一项长期的教学实践过程，我将在以后的数学教学工作中一如既往地关注每一个学生的成长和发展，设法提高他们对数学的学习兴趣。在课堂之外，我也要给予他们引导和帮扶。我永远记着这句话："好孩子是夸出来的。"所以，当他们取得成绩时，哪怕是微乎其微的，我也要及时给予他们表扬和肯定。"一分耕耘，一分收获"，我相信，我在数学教学工作中采用的"隐性分层教学"模式会逐渐显示出它的独特优势，我将努力使不同层次的学生在学习数学的过程中得到锻炼和进步，特别是学困生，每一天都有收获，都在进步。

2. 培养尖子生的实践研究

不管是中考数学还是高考数学，大部分学生都有一个高分数的天花板，那就是 130 分。如果说优生考 125 分需要的实力值是 1，那么考 130 以上需要的实力值是 5，考 140 分以上的实力值是 30！没错，你没有看错。考 140 分以上的学生的实力，可能是考 125 分学生的 30 倍，虽然他们仅仅相差十几分……

——林海老师

【案例1】

民族地区初中数学"隐性分层教学"主题研修活动
——"培优"实践研究

为了巩固尖子生的数学成绩，适当扩充研究范围，细化分层教学，我计划开展"培优"实践研究。下面是我开展"培优"实践研究活动的计划与实施方法：

一、情况分析

我将尖子生认定为一年以来每次数学作业、测试成绩都在班上前列的8名学生。

表1　九年级各班尖子生的分组名单

组别	班级	姓名	州一模成绩	组别	班级	姓名	州一模成绩
第一组	02	蒲　敏	119	第一组	12	罗隆剑	122
第一组	02	谌小燕	127	第一组	12	王　峰	111
第一组	02	邰　斌	106	第一组	12	杨　婷	107
第一组	02	李嘉平	103	第一组	12	彭长婷	111
第二组	02	唐青青	94	第二组	12	张水英	110
第二组	02	胡英涛	85	第二组	12	张星明	99
第二组	02	邰贵花	106	第二组	12	杨　颖	79
第二组	02	杨慧慧	96	第二组	12	侯秋铃	104

二、培优措施

充分利用课余时间和晚自习，因材施教，对症下药，有针对性地辅导。具体方法如下：

1. 帮助尖子生夯实基础、狠抓落实。

2. 进行系统专题训练，培养尖子生的解题思想。

3. 通过上课提问、上台演示等方式，对尖子生的解题思路、数学语言表达、书写能力等进行规范性的指导。

4. 关注尖子生的心理健康状况，把握其学习动态。

三、具体实践

1. 利用课间操时间或下午的课外活动时间，对尖子生进行试题训练，试题训练以中难度题目为主，比如历年中考卷的最后一题，引导尖子生找到中考压轴题的解题思路，避免失分。

例1. 2020年本地区初中毕业考试压轴题：

如图1，抛物线 $y=ax^2+bx$ 经过点 A（3，$-3\sqrt{3}$）、B（12，0）。

（1）求抛物线的解析式；

（2）试判断 OAB 的形状；

（3）曲线 AB 为抛物线上点 A 到点 B 的曲线，在曲线 AB 上是否存在点 P，使得四边形 $OAPB$ 的面积最大？若存在，求点 P 的坐标；若不存在，请说明理由。

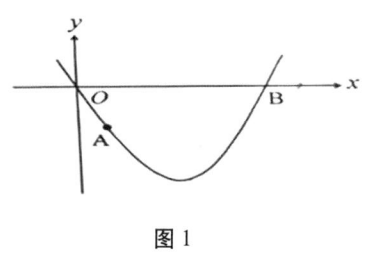

图1

答案：（1）$y=\dfrac{\sqrt{3}}{9}x^2-\dfrac{4\sqrt{3}}{3}x$；

（2）直角三角形；

（3）存在，点 P 的坐标为 $\left(\dfrac{15}{2},-\dfrac{135\sqrt{3}}{36}\right)$。

例2. 2021年本地区中考模拟考试压轴题：

已知抛物线 $y=ax^2+bx+c$（$a\neq 0$）与 x 轴交于 A、B 两点（点 A 在点 B 的左边），与 y 轴交于点 C（0，-3），顶点 D 的坐标为（1，-4）。

（1）求抛物线的解析式；

（2）在 y 轴上找一点 E，使得三角形 EAC 为等腰三角形，请直接写出点 E 的坐标；

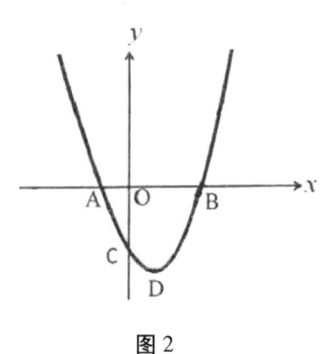

图2

（3）点 P 是 x 轴上的动点，点 Q 是抛物线上的动点，是否存在点 P、

Q,使得以 P、Q、B、D 为顶点,BD 为一边的四边形是平行四边形?若存在,请求出点 P、Q 的坐标;若不存在,请说明理由。

答案:(1) $y=x^2-2x-3$;

(2) 点 E 为 $(0, 3)$、$(0, -3+\sqrt{10})$、$(0, -3-\sqrt{10})$ 或 $(0, -\frac{3}{4})$;

(3) 存在点 $P(-1+2\sqrt{2}, 0)$、点 $Q(1+2\sqrt{2}, 4)$,或者点 $P(-1-2\sqrt{2}, 0)$、点 $Q(1-2\sqrt{2}, 4)$,使得该四边形是平行四边形。

试题分析:

(1) 近几年中考卷的最后一道题考查的都是二次函数解析式(包含一般式、顶点式),运用到的知识点有待定系数法、二元一次方程组,有时还需要求解顶点坐标(4分)。

(2) 在 y 轴或 x 轴上是否存在一个点,与已知两点构成等腰三角形?若存在,请写出满足该条件的点的坐标(4—6分)。

(3) 该题属于动点问题(6—8分)。

2. 尖子生持之以恒地多练习、勤思考,辅以教师的耐心指导,他们的成绩都有了明显的提升。九年级州一、二模尖子生成绩比较分析表如表2所示。

表2 九年级州一、二模尖子生成绩比较分析

组别	班级	姓名	州一模成绩	州二模成绩	组别	班级	姓名	州一模成绩	州二模成绩
第一组	02	蒲 敏	119	135	第一组	12	罗隆剑	122	126
	02	谌小燕	127	112		12	王 峰	111	109
	02	邰 斌	106	123		12	杨 婷	107	136
	02	李嘉平	103	117		12	彭长婷	111	124

续表

组别	班级	姓名	州一模成绩	州二模成绩	组别	班级	姓名	州一模成绩	州二模成绩
第二组	02	唐青青	94	111	第二组	12	张水英	110	130
	02	胡英涛	85	120		12	张星明	99	112
	02	邰贵花	106	110		12	杨颖	79	113
	02	杨慧慧	96	117		12	侯秋铃	104	107

州模拟考试成绩增加了尖子生的自信，他们对数学更感兴趣了。

【案例2】

在中考数学教学中落实"培优"工作的实践研究

三年磨一剑，六月试锋芒，距中考只有30天了，师生已完成数学第一轮基础复习，现在进入第二轮专题复习阶段。部分学生陷入学习疲倦状态，没有动力复习。这时，数学教师需要依据学生的学习层次，进行分组分层辅导，不断优化教学模式，帮助学生找到适合自己的学习方法。而那些数学成绩进步很快，对数学问题拥有独到见解，分析问题的能力较强的学生，我们称之为尖子生。数学尖子生的基础扎实，教师可以在数学思维拓展上下功夫，指导尖子生多练有难度的题型，让他们在数学方面更上一层楼。

一、明确目标对象

参考学生的州一模数学成绩，结合他们的平时成绩与表现，优化分层结构，重新确定尖子生人选。

二、学生分析

由于刚完成数学第一轮基础复习，学生对初中数学知识还没有形成完整的体系。中考是选拔性考试，考试时间有限，而部分学生的答题速度较慢，不能合理分配答题时间，致使基础题型无暇检查，后面的大题也经常失分。有难度的数学题往往重在考查学生的数学思维，这也是很多学生欠缺的，需要学生在平时复习时多思多练，举一反三。

三、强化辅导的过程

1. 根据学生的学习情况，制订辅导计划。一个班里的学生的数学学习程度是不一样的，对于同样的学习内容，可能会出现尖子生"吃不饱"、学困生"吃不透"的情况。在复习阶段，教师需要为学生确定不同的学习目标，特别是尖子生，要给他们施加一定的压力，因为有压力才有动力。平时的课堂小测验，基础扎实的尖子生可以只做提升题，略过前面简单的基础题。教师要及时批改测验卷，尽快评讲，再针对学生的弱项安排巩固提升训练。

2. 培养良好的学习习惯。比如，积累错题并主动反思；每复习一章内容，及时绘制相应的知识网图等。

3. 培养良好的答题习惯。备战中考，不仅要争取攻克不会做的题，也要保证会做的题不丢分。这需要学生在平时养成良好的答题习惯，仔细审题，认真检查，不马虎大意。

4. 资源共享。教师可以定期让学生分享他们遇到的较好的复习资料，也可以让学生讲评自己做错的典型的例题。

5. 合理安排时间集中辅导。

总而言之，学生必须反复锤炼自己的考场心态：

一要养成清算应得而未得的分数的习惯；

二要清除屡犯重复错误的毛病；

三要克服答题不规范的弊端；

四要改正审题不清、题意理解不准确的错误，把握好数学考题的算法和算理；

五要留意粗心大意出错的地方；

六要加强识记，保证记忆题得分；

七要训练答题的速度，学会计划用时；

八要提高书写质量，别让改卷教师误伤；

九要注意答题步骤的清晰性和周密性；

十要严格遵守题目的要求。

做到以上几点，多拿一分、多对一题就不是难事了。

【案例3】

民族地区初中数学"隐性分层教学"研修活动
——"培优"实践研究

学生在学习之路上不可能一帆风顺，他们可能因一次考试的成绩优异而沾沾自喜，也可能因一次考试的成绩不理想而情绪低落。教师要在教学中适时安排难度适当的小测验，让他们独立解答，增强他们的抗压能力。

一、尖子生学情分析

1. 对数学学科有浓厚的学习兴趣，求知欲强，不满足于课内知识。

2. 具有较强的思维能力，思维具有深刻性、广泛性和灵活性，但也容易粗心。

3. 积极参加数学学科相关竞赛及活动，敢于挑战，好胜心强，所以难免受到打击。

4. 心理压力大，心态容易受成绩的影响。

二、强化辅导的过程

第一，强化尖子生"数"与"形"的应用能力，以"函数"突破教材中的重难点。比如，针对期末和中考考点，精选题目进行训练。

1. 在平面直角坐标系中，已知直线 $y=-\frac{3}{4}x+3$ 与 x 轴、y 轴分别交于 A、B 两点，$C(0, n)$ 是 y 轴正半轴上的一点，把坐标平面沿 AC 折叠，使点 B 刚好落在 x 轴上，则点 C 的坐标是（   ）。

  A. $\left(0, \frac{3}{4}\right)$ B. $\left(0, \frac{4}{3}\right)$ C. $(0, 3)$ D. $(0, 4)$

答案：B。

该题考查了求直线与坐标轴交点的坐标的方法：分别令 $x=0$ 或 $y=0$，求对应的 y 或 x 的值；也考查了折叠的性质和勾股定理，同时培养学生画图用图的能力。

2. 直线 $y=k_1x+b_1$（$k_1>0$）与 $y=k_2x+b_2$（$k_2<0$）相交于点（-2，0），且两直线与 y 轴围成的三角形面积为 4，那么 $b_1-b_2=$ _____。

答案：4。

该题考查了一次函数与坐标轴的交点以及数形结合思想的应用。解决此类问题，关键是仔细观察图形，注意几个关键点（交点、原点等），做到数形结合。根据解析式，求得与坐标轴的交点，继而求得三角形的边长，然后依据三角形的面积公式得出最终答案。

第二，我校是全日制寄宿制学校（大部分学生来自路途较远的乡镇村庄，周末不回家的学生留校居住），教师可以利用课余时间和周末辅导学生，实施培优帮扶计划。

第三，有针对性地改进教学方法。

第四，逐步提升尖子生的口算能力、计算能力。

第五，放手让尖子生自主学习。尖子生的学习能力相对较强，正常的教学计划、教学进度并不能满足尖子生的学习需求。因此，数学教师可以鼓励学有余力的尖子生主动挑战难题，自学新知识。

第六，让尖子生写解题感悟，深度学习。教学中，数学教师要有意识地引导尖子生挖掘习题中的问题，不断去解决新的类似问题，且问题难度不断增加，培养学生向上攀登、不断探索的精神。

三、取得的效果

1. 使尖子生在知识接受方面"吃得饱、消化得了"。

2. 在学生中形成"赶、帮、超"的学习氛围，并对学生进行思想品德教育，使学生在学习上遇到困难时能克服各种消极情绪，迎难而上，勇攀高峰。

3. 学生的成绩总体上得到了提升，在阶段自我检测中找到了自信与勇气。

四、问题反思

1. 培养尖子生，不能局限于提升他们的成绩，而要关注他们的全面发展，且要把他们的身心健康放在首位。

2. 在培优指导过程时，有的学生的思维活跃，会产生没有学科理论依据的猜想。在这种情况下，数学教师不要妄下结论，可以"留白"，让学生继续讨论、辩论、思考、探索。

3. 在培优指导过程中，我们要培养学生较好的数学素养，不仅要让他们了解一定的数学文化背景，而且要拓展他们的数学思维，学会一题多解、举一反三。

3. 提高中等生学业成绩的实践研究案例

初中数学教学中，班级学生中占比最大的是中等生。教师在辅导的过程中，不能忘记这部分学生的存在，要积极地帮助他们解决学习中遇到的问题。教师在教学过程中如果忽视了这部分学生，将使得他们觉得自己"在老师心中完全没有存在感"，久而久之，将丧失学习的热情和对老师的信任。

【案例1】

在七年级数学教学中落实"提中"工作的实践研究

本人任教的班级有60多名学生。从学生目前的数学学习情况及知识技能掌握情况看，有少部分学生的学习积极性高，学习目标明确，上课认真，作业能按时按量完成，且质量较好；大部分学生的基础知识薄弱，学习态度欠端正，作业书写较潦草，作业有时不能及时完成。因此，在分层教学中，我需要着重提高学生学习数学的兴趣，狠抓基础考点，通过分层布置数学作业的方式，使中等生得到更好的发展，潜能生得到较大的进步。

一、确定重点"提中"名单

表1　七年级重点帮扶"中等生"名单

序号	班级	姓　名	半期考试数学成绩	总分校排名	期末目标
1	03	田　伟	83	333	前 300
2	03	龙齐梦	85	479	前 400
3	03	欧阳海林	90	487	前 400
4	03	邰香怡	90	548	前 500
5	03	蒋俊玲	96	621	前 550
6	03	李阿富	96	719	前 600
7	03	张旺旺	90	838	前 600
8	03	邰子豪	70	913	前 700
9	03	邰凌梅	90	422	前 350
10	03	杨天欣	97	681	前 550
11	03	杨兴锦	98	666	前 500
12	03	龙家沅	98	649	前 550

二、学生分析

县域农村初中的学生都是来自农村的孩子，而且大多是留守儿童。受地方方言及学习习惯等的影响，对于语言性的题目（如材料题和解方程题）看都没看就放弃的学生占很大一部分。现在，我的教学工作之一就是引导学生重视基础题目，能够拿分的题型必须拿到分，做到分分必争。在七年级的期末考试中，这几类题型是中等生一定要拿分的：

1. 实数的混合运算，如：$\sqrt{0.25} - \sqrt[3]{-27} + \sqrt{\left(-\dfrac{1}{4}\right)^2}$；

2. 解方程组，如：$\begin{cases} 3x+2y=3 \\ 5x-6y=-23 \end{cases}$；

3. 解不等式组并在数轴上表示解集，如：$\begin{cases} 5x-12 \leq 2(4x-3) \\ \dfrac{3x-1}{2} < 1 \end{cases}$；

4. 统计图题型；

5. 平面直角坐标系题型。

以上题目涉及的内容是中等生必须掌握的基础知识和基本技能，中等生必须掌握其算法和算理，力争拿分，增强数学学习的成就感和自信心。

三、强化辅导的过程

1. 研究历年考试真题以及考点知识，让课堂更加有效，别让学生做无用功。

2. 加强交流，让学优生分享学习方法，尽量帮助中等生解决学习上遇到的困难。

3. 采用一优生带一中生的"一帮一"行动。

4. 课堂上创造机会，用学优生的学习思维、方法来影响中等生。

5. 让中等生多做、多练、多问，力争每周给每位中等生一次课堂展示的机会。

6. 帮助中等生制定数学学习目标，并采用激励机制，对中等生的每一点进步都给予肯定，鼓励其继续进取；在学优生中树立榜样，以此调动中等生的学习积极性。

四、取得的效果

1. 通过不断鞭策中等生学习，发现他们越来越有自信了，学会了给自己设置期末考试的目标分，并且贴在自己的课桌上，时刻提醒自己努力学习，力争达到目标。

2. 中等生越来越喜欢提问题了，除了完成中等生必须完成的题型外，也开始慢慢涉及学优生需要完成的题型了。

3. 通过组建班级"一帮一"学习小组，让中等生与学优生交流学习，缓解了中等生的学习压力。

五、问题反思

很多学生在做题时，受思维方式的限制，做不到举一反三。要想整体提高班级成绩，"提中"是一个很好的教学策略，让中等生慢慢靠向学优生，让学困生慢慢转变成中等生。

【案例2】

县域农村初中数学"隐性分层教学"主题性研修活动
——期末考试复习阶段"提中"实践研究

一、背景及问题提出

我负责八年级5班、7班的数学教学工作。5班学生的基础不太好，满分150分的试卷，30%左右的学生拿不到50分，甚至有3位学生连乘法口诀都不会背，也不会数字大点的加减运算。7班共有58人，学生的基础和5班差不多，都比较薄弱，且女生比较明显。总体而言，两个班的数学成绩两极分化比较严重。因此，在复习阶段，我有目的地编制训练题，让学生一天一练，从而达到"提中"的效果。

二、实施过程

（一）历届期末考试试题分析

八年级数学教材共有五章内容。其中，"平行四边形""一次函数"这两章最重要，且难度较大，而"二次根式""勾股定理""数据的分析"这三章较为简单，是学生容易拿分的内容。分析历届期末考试试卷，可知"二次根式"占30分左右，"勾股定理"占24分左右，"平行四边形"占40分左右，"一次函数"占40分左右，"数据的分析"占16分左右。试卷共有10道选择题、10道填空题、6道解答题。其中，解答题包括1道二次根式计算题、1道数据分析题、1道勾股定理的题、1道平行四边形的题、2道一次函数题型。

（二）确定重点"提中"名单

表1　八年级辅导对象"中等生"名单

姓名	王进兴 B3	刘庆香 A4	徐艳红 B2	龚燕香 A3	蒲德杨 B3	龙开彬 A3	杨绍琴 B2	陶先涛 A2	欧发宇 A2	张晓杰 B2
半期	91	75	74	64	84	105	84	94	112	100
校排名	401	480	485	539	436	324	436	384	290	351
目标分	100	95	95	90	100	118	98	100	125	120

（三）课后练习及其过程、要求

（1）课后练习：主要围绕历届的类型题来制定，一个星期完成三种类型题，但最基础的二次根式计算题必须每天都有。

（2）过程和要求：在自习课之前完成，然后由数学课代表汇总并交给教师批改。教师统计出大部分学生做错的题目，在第二天上课前用几分钟集中讲解；对于少部分学生不会的题，采用"一帮一"辅助教学模式，交由学生自主解决。同类型的题目要在课后练习中定期反复出现，以加深学生的记忆。

三、初步取得的效果

1. 有的学生坚持每天做数学题，有的学生坚持与班级同学进行一对一辅导，有的学生主动预习新课。大部分学生养成了良好的学习习惯。

2. 通过两个星期的针对性辅导，部分学生慢慢适应了期末考试的试题结构。同时，小部分学生进攻中等难度以上的题型。

3. 通过参加这段时间的"提中"主题活动，八年级部分学生在两次阶段性测试中取得的成绩如表2所示：

表2　中等生进行针对性训练后的两次成绩对比分析

姓名	王进兴 B3	刘庆香 A4	徐艳红 B2	龚燕香 A3	蒲德杨 B3	龙开彬 A3	杨绍琴 B2	陶先涛 A2	欧发宇 A2	张晓杰 B2
半期	91	75	74	64	84	105	84	94	112	100

续表

姓名	王进兴 B3	刘庆香 A4	徐艳红 B2	龚燕香 A3	蒲德杨 B3	龙开彬 A3	杨绍琴 B2	陶先涛 A2	欧发宇 A2	张晓杰 B2
校排名	401	480	485	539	436	324	436	384	290	351
目标分	100	95	95	90	100	118	98	100	125	120
期考	74	59	71	61	51	84	68	73	88	81
校排名	330	489	336	446	560	205	391	341	173	249

四、存在的问题及反思

1. 部分学生比较懒，没有认真完成教师布置的练习，甚至为了应付交差而选择抄袭。

2. 课后练习侧重于"补中"，对于学困生来说有一定的难度，与学困生的学情脱节。

3. 受教学进度的影响，留给课后练习的讲解时间有限，所以，课后练习没有达到预期效果。

4. 进一步践行一对一辅导模式，提高教学效率。

【案例3】

提高临界生的中考数学成绩实践研究

这一年来，我不断优化数学分组分层教学，使一部分学生找到了适合自己的学习方法。特别是成绩在普通高中录取分数线边缘徘徊的学生，我们称他们为临界生。"考上普通高中，比考上普通大学还要难"——这是本地初中临界生的共识！因为本省、本地普通高中的录取率只有50%左右，而县内高中每年二本的上线率在75%以上。

一、重新分组

通过不断优化分组机构，找出临界生。以五校联考排名在500—700名的学生成绩作为参考（如表1所示），筛选出本人任教的班级的临界生名单。

表1 九年级1班的临界生名单

序号	班级	姓名	3月五校联考数学成绩	总分排名	目标自定
1	01	杨　毅	97	514	民高
2	01	黄承燕	96	517	民高
3	01	张强冰	92	528	民高
4	01	欧阳天木	73	567	民高
5	01	龙安腾	71	593	民高
6	01	潘佳琳	75	613	民高
7	01	潘田东	74	622	二高
8	01	姚茂海	49	636	二高
9	01	杨　婷	84	703	二高
10	01	龙运濠	71	708	二高
11	01	万姗姗	60	725	二高
12	01	杨　含	65	725	二高

二、学生分析

这部分学生的基础知识不够扎实，长期处于班级中等水平。在中考备考的关键时段，教师需要借数学课题研究之机，为临界生助力。

三、强化辅导的过程

1. 与学生交流谈心，了解学生的家庭情况，了解学生的志向、精神状况、学习状况，让学生感受到老师的关心。

2. 对临界生做现状分析并制订辅导计划。

3. 心理辅导。每周和临界生集体约谈或一对一交流一次，了解学生的心里想法、学习状况，有针对性地进行心理辅导。

4. 集中学习辅导。期间，学生必须积极主动地向数学教师提问，教师在解答问题的同时，指出学生在知识或能力上的不足之处，并提出具体的补救办法；教师汇总学生的问题，编制针对性较强的专项练习卷让学生做。

四、取得的效果

一分辛劳，一分收获，学生的进步离不开教师的付出。学生已逐渐认识到自己的不足，并主动求助学优生或教师，班上的学习气氛浓厚，不存在下课后你追我赶、打打闹闹的现象。对于分式方程、不等式组和分式的化简求值等中考基础题型，通过一段时间的训练，学生解答得越来越得心应手。

五、问题反思

中等生对基础知识掌握得不够系统，对知识的衔接不是很好。比如，他们容易混淆平方差公式 $a^2-b^2=(a+b)(a-b)$ 和完全平方差公式 $(a-b)^2=a^2-2ab+b^2$。这些容易混淆的运算一直是中等生学习数学时的一个痛点，有的学生记不住公式，有的学生不会灵活运用公式。归根结底，对初中数学临界生进行培养，还需要在知识的算法和算理上下功夫！

【案例4】

民族地区初中数学"隐性分层教学"主题性研修活动
——提高临界生的中考数学成绩实践研究

对于很多学生来说，数学一直是他们不擅长的学科。而且临界生的成绩上不去，往往也是因为数学拿不到高分。现利用"隐性分层教学"提升临界生的数学成绩，计划与实施方法如下。

一、思想方面的沟通交流

1. 做好学生的思想工作。经常和学生谈心，关心、关注、关爱他们，让学生觉得老师是重视他们的，激发他们学习数学的积极性。了解学生的学习态度、学习习惯、学习方法等，据此有针对性地开展教学工作。

2. 及时与学生家长、班主任联系，进一步了解学生的家庭、生活、思想、课堂表现等各方面的情况，做到家校共育。

二、有效培优补差的措施

利用课余时间和自习时间，教师有针对性地对学生进行辅导，因材施教。具体方法如下：

（一）明确目标，端正思想

稳拿数学基础题目的分数，集中力量突击中等难度的题目，适当放弃高难度的题目，有所取舍。

（二）抓大纲，抓基础

临界生的数学考试分数低于100分，往往是因为在知识、技能掌握上存在缺陷，或是记得不牢，或是理解不透，或是应用不熟练。因此，对照大纲，回归数学课本，查漏补缺，及时弥补，这才是提高分数最有效的办法。"万变不离其宗"，数学教师和学生不能丢掉课本和大纲，一味地做模拟试题，对付偏题、难题，这样可能会耽误时间，舍本逐末。

（三）整理一本错题集

教师在指导临界生对照数学大纲、课本、例题学习相关数学知识后，要让临界生及时做配套的练习题，检验自己是否已经掌握了这方面的知识。如果发现有的题目错了，就要找到原因，复习相关章节的知识内容，改正做错的题，并把正确的答案抄写一遍，以加深印象。对模拟题也是一样，把做错的题目改正过来，剪贴到笔记本上，时常翻看复习。

九年级各班的提高小组名单如表1所示。

表1 4月份"隐性分层教学"提高小组部分名单

班级	序号	姓名	联考成绩	目标	班级	序号	姓名	联考成绩	目标
02	1	邰贵花	78	100	12	1	龙东梅	104	115
02	2	张雅梅	97	110	12	2	张小珍	110	120
02	3	胡英涛	106	110	12	3	欧润鹏	97	110
02	4	杨兴杰	109	115	12	4	罗隆剑	111	125

续表

班级	序号	姓名	联考成绩	目标	班级	序号	姓名	联考成绩	目标
02	5	邰海龙	98	110	12	5	刘东全	98	110
02	6	杨慧慧	103	110	12	6	姜成鑫	102	110
02	7	邰　斌	97	115	12	7	侯秋铃	100	110
02	8	邰翠云	86	110	12	8	邰雯雯	92	105
02	9	黄燕钦	85	100	12	9	刘宗福	116	120
02	10	刘宗涛	98	110	12	10	姚姿妃	79	100
02	11	彭凌海	82	95	12	11	明传青	66	90
02	12	李　燕	97	110	12	12	姜钟云	80	90
02	13	刘　慧	69	80	12	13	姜在河	68	80
02	14	杨明芝	79	90	12	14	王心怡	65	80
02	15	欧运竹	73	80	12	15	张俊熙	96	115
02	16	张盼盼	78	90	12	16	杨文深	93	105

（四）对症下药个性分析

1. 12班的姜在河同学好胜心强，受不住挫折打击，但基础薄弱，书写字迹潦草，解题缺少过程。实施对策：私下交流沟通，帮助他制定复习策略，增强自信心，并劝解他放平心态，不骄不躁，沉着稳重，利用专题强化自身，力争中考数学成绩突破110分。

2. 12班的姚姿妃同学虽然学习努力，但思维不够活跃，解题思路不灵活，所以，每次考试的成绩都不理想，在60—80分之间徘徊。实施对策：多鼓励交流，增强她的信心，让她在考试时先审视一遍试卷，找到最简单的题目得分，稳住情绪，由易到难逐一答题。

3. 2班的邰贵花同学聪明伶俐，但缺乏积极进取之心，对题目也缺乏全面思考。实施对策：强化基础，进行专题训练。

4. 2班的邰海龙同学做题时粗枝大叶，成绩徘徊在班级中游，且缺少拼搏精神。实施对策：强化基础，进行专题训练。

5. 12班的张俊熙同学有数学天赋，但学习怠懒，除了完成老师布置的作业，课外几乎不再花时间学习。实时策略：师生谈心，激发他的进取心和学习兴趣。

（五）专项训练试题存在的问题分析

以上五位同学代表大部分中等生的现状。为了突破教学瓶颈，我特从以下几种类型的题目着手安排专题训练。

1. 专题练习——混合运算类

（1）（2020年·黔东南州）计算：$\left(\dfrac{1}{2}\right)^{-2}-|\sqrt{2}-3|+2\tan 45^0-(2020-\pi)^0$。

（2）（2017年·黔南州）计算：$|\sqrt{3}-1|+(-1)^{2017}+4\sin 60^0+\sqrt{4}$。

（3）（2018年·遵义市）计算：$2^{-1}+|1-\sqrt{8}|+(\sqrt{3}-2)^0-\cos 60^0$。

答案：(1) $8-\sqrt{2}$；(2) $3\sqrt{3}$；(3) $2\sqrt{2}$。

对于这类数学题，临界生必须会解答。数学教师要让临界生知道各个知识点、公式的来龙去脉，从根本上拿下送分题。

2. 专题练习——化简求值类

（2021年·黔东南州）先化简 $\dfrac{x^2+3x}{x^2-4x+4}\div\dfrac{x+3}{x-2}\cdot\dfrac{x^2-4}{x}$，然后分别以0、1、2带入 x 求值。

答案：原式化简得 $x+2$，当 x 为0或2时原式无意义，所以 x 为1，原式=3。

答题时间为5分钟。2班共有18名临界生，其中有9人拿到满分，化简正确的有12人，3人在代值求解时没有考虑到分母有没有意义，6人没有化简正确。12班共有20名临界生，其中11人拿到满分，化简正确的有13人，2人在代值求解时没有考虑到分母有没有意义，6人没有化简正确，1人直接代值计算。另外，有的学生存在公式法因式分解乱用公式的问题，有的学生运算顺序出错，有的学生化简约分不小心漏约分，有的学生还不会分式约分等。实施对策：先与存在问题的学生进行交流，询问他们做这道题时是怎么想的，帮助他们理清思路，告诉他们遇到类似问题时的解答方法。

经过20多天的专题辅导，临界生的成绩都有不同程度的提升。其中，2班的人均分在年级排第14名，比上个月的模拟考试提高3个名次；12班的人均分在年级排第2名，比上个月的模拟考试提高6个名次。总而言之，中考数学复习分层练习是很有必要的，我将继续落实分层专题练习、分层辅导，力争任教班级下个月的模拟成绩再上一个新台阶。

【案例5】

初中数学"隐性分层教学"主题性研修活动
——"提中"实践研究

中等生在班级里占据的比例大约是50%，数学教师在教学的过程中，不能忽略中等生群体，如果忽视了他们，可能会使他们慢慢归入学困生的行列。这也是随着年级上升、知识难度加大，班级数学整体教学质量下降的原因。初中数学教师要左手抓教材，右手抓学生，两手抓两手都要硬才行。

一、"提中"学生名单

杨家园、杨天龙、洪加银、邰光明、张洋、杨三宝、张世钦、杨光玖、李洪、李选由、王家豪、李萍、李峰林、吴海源。

二、学生分析

1. 缺乏学习的主动性，上课时注意力不集中；

2. 能掌握基础知识；

3. 心态不是很稳定，成绩波动比较大；

4. 思维相对灵活，但在写作业时比较粗心。

三、强化辅导的过程

1. 与该层次学生交流谈心，让学生认识到学习的重要性，例如：

(1) 了解学生对数学学科的认识；

(2) 让学生谈谈他们平时学习数学的方法；

(3) 和学生分享自己以前学习数学的方法，指导学生学习。

2. 在课堂教学中，要根据学生的表现和学习情况，有针对性地提出问题，吸引学生注意力的同时，让学生动口、动手、动脑，积极主动地参与课堂学习。

3. 加强对学生数学基本功的训练。

例如，下面四小题涉及最简二次根式的化解、合并同类二次根式、二次根式的乘除计算。这类题目看似简单，但学生稍不注意，就容易出错。这是中等生提高数学成绩不能忽视的基础题型。

(1) $\sqrt{18}+\sqrt{12}-\sqrt{8}-\sqrt{27}$； (2) $b\sqrt{12b^3}+b^2\sqrt{48b}$；

(3) $(\sqrt{45}+\sqrt{27})-\left(\dfrac{4}{3}+\sqrt{125}\right)$； (4) $\dfrac{3}{4}(\sqrt{2}-\sqrt{27})-\dfrac{1}{2}(\sqrt{3}-\sqrt{2})$。

答案：(1) $\sqrt{2}-\sqrt{3}$；(2) $6b^2\sqrt{3b}$；(3) $3\sqrt{5}-2 2\sqrt{3}-\dfrac{4}{3}$；(4) $\dfrac{5\sqrt{2}}{4}-\dfrac{11\sqrt{3}}{4}$。

4. 在较好地完成课本上的习题的基础上，再让学生完成一些针对性较强的课外习题，帮助学生开拓思路，提高分析、解决问题的能力，掌握一般的解题规律。

例题：在菱形 ABCD 中，对角线 AC、BD 交于点 O，AO = 1，∠ABC = 60°，则菱形 ABCD 的面积是（　　）。

A. 4   B. $4\sqrt{3}$ C. 2   D. $2\sqrt{3}$

答案：D。

变式：已知一个菱形的边长为 2，较长的对角线长为 $2\sqrt{3}$，则这个菱形的面积是_____。

答案：$2\sqrt{3}$。

一题多变，发散学生的思维，培养学生举一反三的能力，考查学生的类比解题能力。

四、取得的效果

1. 数学教师通过个人谈话和集体交流，使学生的思想和认识有了不同程度的提升，并让学生感受到了教师对他们的关心。

2. 数学教师鼓励学生多提问、多上台展示，不仅能实时掌握学生当堂课的学习情况，也活跃了课堂气氛，激发了学生学习数学的兴趣。

3. 通过一段时间的强化和辅导，对比前后两次班级阶段性测试的成绩后发现，大部分学生是有进步的。

表 1 前后测试成绩对比分析表

姓名	洪加银	李峰林	李洪	李萍	李选由	邱光明	王家豪	吴海源	杨光玖	杨家园	杨三宝	杨天龙	张世钦	张洋
6月测试得分	85	65	77	66	73	83	69	62	78	101	81	98	78	82
7月测试得分	93	66	70	87	69	81	75	78	81	114	83	93	83	112

五、问题反思

1. 具体学生具体分析，教师要多和学生交流谈心，了解他们的学习情况，并在生活、学习上给予他们足够的关心。

2. 教师要帮助学生树立一个明确的学习目标，学习目标要有针对性，能有效地激发学生的学习动力。

3. 教师要积极挖掘每一个学生的闪光点，给予学生鼓励性评价及指导，力争达到"人人学习有价值的数学，不同的人在数学上有不同的提高"的目标。

4.4 校级小课题"差异性教学"研究报告

《用结对帮扶策略提高学困生数学成绩的实践研究——以八年级22班为例》研究报告

一、问题的提出

1. 我校是某民族地区县城的城区中学。近5年来的进城务工、生态移民搬迁、扶贫搬迁等促使越来越多的小孩进入县城读书。我校有近4300名学生、70个教学班级，学生个体的数学成绩悬殊。部分学生家长忙于工作，与孩子相处的时间比较少。这些孩子缺乏父母有效的监管和照顾，思想、行为难免产生偏差，学习态度消极，缺乏自信，对学习没有兴趣，逐渐成为学困生。

2. 教育专家杨世睿认为，在实际的学习过程中，学困生的学习态度一般都存在一定的问题。这种问题不是由于学生不知道如何学习或者无法获得学习资源而出现的，是仅存留在学生思想意识层面的学习态度问题。换言之，此类学困生就是单纯地不想学习。即使题目很简单，学生也比较了解这类题目或者知识，但是在解题或者做作业的过程中，他们就是不去行动，不去思考，从而在一段时间之后形成了不好的学习习惯。当然，这种学习习惯的形成也与学生的家庭教育相关。结对帮扶需要解决的首要问题是转变学生的学习态度，这也能确保针对学困生的教学手段真正有效。在结对帮扶的教学措施的引导下，教师可以针对学困生的实际情况，提出合适的教学措施，由简到难地为学困生展开具体的教育教学活动，引导学困生正确认识自身的学习态度，从而在实际的学习过程中主动改变。

3. 教育心理学认为，结对学习是指集体中不同的个体为了共同的目标而协同活动。进行结对学习能增强学生的集体凝聚力，形成积极活跃的课堂气氛，促进学生智慧和良好品德的发展。我们在教学中要积极促使学生进行结对学习，让学生取长补短，自觉地改进学习态度和方法。

二、理论依据

1. 理论研究：结对帮扶是一项国家政策，即国家干部一对一结对子，帮扶城乡困难家庭的活动。为贯彻落实党的十七大和十七届三中全会精神，加快推进以改善民生为重点的社会建设，让城乡困难群众共享改革开放成果，我国普遍深入开展结对帮扶活动。具体来说，结对帮扶是以先进带动后进、优势带领劣势的一种优势群体帮助扶持活动。我所说的结对帮扶聚焦于学生之间，帮扶学习，帮扶思想。

2. 高志辉认为，教育是民族发展的基础，也是提高国民综合素质的有益渠道。在当前的初中教育中，学困生问题普遍存在。随着城镇化、工业化进程的发展，初中阶段的学困生呈现出新的特点，形成原因也变得日益复杂。初中阶段是学生心理和生理完善成熟的关键阶段，学困生问题的存在，不仅影响了学校的教育质量，也给学校管理工作的顺利开展带来一系列问题，对学生自己的发展更造成了极为不利的影响。为提高学困生的转化效果，我尝试将结对帮扶模式应用到教学中，并积极寻求文献支撑，如高志辉的《精准帮扶在初中学困生转化中的作用分析》、王洋的《提高初中学困生数学成绩策略》、郑秋文的《试论农村初中数学教学中后进生的转化策略》、乔建平的《开展结对帮扶，为初中生健康成长营造和谐氛围》等。

3. 从学困生转化资源的角度分析，课本资源、练习资源是最基本的教学资源，但此类资源不足以成为转化学困生的有效资源。一方面，学困生的知识储备和学习能力不同，即使教师可以带领学生处理好此类问题，在下次遇到同样的问题时，学困生依旧会遇到较为明显的困难；另一方面，学困生对知识本身的认知程度不够，再加上不良的学习习惯，他们对知识理论的记忆效果并不突出，无法支持其完成相对基础的题目，这对学困生的自信心造成了较为明显的打击。在结对帮扶模式的引导下，教师可以针对学困生的具体情况，选择适应性更强的学习资源，先引导学困生做会、做对一些题目，记住一些简单知识，更为关键的是让学困生在学习过程中产生"我能行"的想法，进而以此为基础，逐渐拓展教育教学内容，促使学困生重拾学习自信心。

三、研究的意义

1. 所谓学困生，是指那些智力正常，但学习效率低下，达不到国家规定的教学大纲要求的学生。

2. 结对帮扶是初中生教育管理工作的有效措施，教师要充分认识结对帮扶工作的意义，全方位开展结对帮扶工作。班干部、学优生与学困生结对帮扶，有效提升班级教学质量，促进学困生向中等生转化。

四、研究目标

1. 弄清楚非智力因素对初中数学学困生的影响。

2. 让学生互帮互助，把握提高学生数学成绩的切实方法，并寻找培养学生其他良好习惯的途径。

3. 把对学困生的成因分析以及转化与日常的教育教学实践相结合，及时加以验证和补充，总结出能促使学困生有效学习的策略，并进行总结和推广。

五、研究内容

1. 分析学困生的心理状态，弄清楚学困生的成因。

2. 分析学生结对帮扶的情况。

3. 研究帮助学生有效学习的策略。

六、研究方法

1. 文献研究法：借助网络、论文和书籍，学习相关理论，为课题提供理论依据。

2. 调查研究法：对班级学生的数学成绩进行分析研究。

3. 实验总结法：主要采用班级教学实验研究法，了解学困生课内外的表现、作业情况、测试成绩等。

4. 经验总结法：对每一个阶段的结对帮扶实施情况进行反思，不断总结，积累经验。

七、研究步骤

第一阶段：准备阶段（2021年9—10月）

1. 拟定研究课题：2021年9月，启动课题《用结对帮扶策略提高学困生数学成绩的实践研究——以八年级22班为例》，进行课题研究可行性论证，搜集相关理论资料，完成课题研究申报工作。

2. 对八年级22班的数学成绩现状进行分析，确定分组结对名单，如表1所示。

表1　剑河县第三中学八年级22班师徒结对名单

序号	师父	徒弟	序号	师父	徒弟
1	陈建明	江才熠	12	邰鑫鑫	徐璐
2	蔡明珠	徐开和　张丽丽	13	吴瑢钰	潘东杰　姜亿兰
3	崔毅松	余辅州　刘珍财	14	吴尊羽	蒲雨佳
4	张建华	王敏	15	杨鑫鑫	陆安安　祝易珍
5	梁博瑞	姜鑫　张志鹏	16	张水州	欧糖　刘果鑫
6	刘鉴	张聪	17	刘真白	杨家国
7	龙硕	王聪　石刚	18	邰英姿	张阳少华
8	宁文杰	石安平　罗朝鑫	19	龙锦圆	李诗强　邰国庆
9	潘维弟	陈雲雲　柏应德	20	杨昌缘	刘平东
10	任经杰	王荣炳　黄万海	21	王三妹	王庭坤　王春英
11	潘艳	刘杨杨　唐东妹			

分组结对名单主要依据七年级期末考试成绩来确定，也会结合学生平时的表现。

表2 剑河县第三中学八年级22班师徒成绩

序号	师父	月考1	徒弟	月考1	序号	师父	月考1	徒弟	月考1
1	陈建明	126	江才熠	65	12	邰鑫鑫	118	徐璐	45
2	蔡明珠	100	徐开和 张丽丽	57 73	13	吴瑢钰	101	潘东杰 姜亿兰	61 86
3	崔毅松	67	余辅州 刘珍财	55 56	14	吴尊羽	105	蒲雨佳	51
4	张建华	70	王敏	64	15	杨鑫鑫	133	陆安安 祝易珍	82 59
5	梁博瑞	126	姜鑫 张志鹏	52 14	16	张水州	99	欧糖 刘果鑫	58 84
6	刘鉴	95	张聪	24	17	刘真白	105	杨家国	缺考
7	龙硕	89	王聪 石刚	85 25	18	邰英姿	108	张阳少华	16
8	宁文杰	88	石安平 罗朝鑫	68 64	19	龙锦圆	88	李诗强 邰国庆	74 8
9	潘维弟	109	陈雯雯 柏应德	55 16	20	杨昌缘	99	刘平东	36
10	任经杰	80	王荣炳 黄万海	59 22	21	王三妹	116	王庭坤 王春英	83 14
11	潘艳	109	刘杨杨 唐东妹	59 16					

第二阶段：实施阶段（2021年11月—2022年5月）

1. 分析班级中学困生的成因，对症下药。

（1）不认真听课，课后学习时间少，学习自主性差。从整体来看，大部分学困生的学习态度都存在问题，所以很难跟上教学进度。长此以往，他们就变成了学困生。

（2）基础不扎实。根据对班上学困生的调查得知，多数学困生的数学基础一直很薄弱，到了八年级，需要学习的知识猛增，他们就更难跟上教学进度了。因为不能很好地理解所学的数学知识，所以，他们学习数学的

（3）学习方法存在问题。我在教学过程中发现，有的学生即使课堂上听懂了教师教授的知识点，课后也无法独立完成作业。这样的学生在学习数学知识时大多死记硬背、生搬硬套，没有把理论与实际很好地结合起来，所以无法高效地学习。

2. 及时收集结对组在教育教学实践中遇到的问题，实时调整结对帮扶策略。

3. 举办班级数学竞赛，分师父组和徒弟组，展示研究成果。一个月进行一次徒弟考试、一次师父考试，徒弟的考题由师父出、师父改，师父的考题由教师出、教师改。分别评出优秀师父、优秀徒弟。班级数学竞赛能让学生及时发现自己不会做的题，查漏补缺，也有效激发了他们的胜负欲，让他们不断调整学习目标，积极探索适合自己的学习方法。

案例一：在10月份举行的师徒小测试中，江才熠同学以66分（总分100分）的成绩位列徒弟组的第一名。她在感言中说："感谢我的师父陈建明同学，他无私地帮助我，指导我完成作业，耐心地为我讲解我不会做的题目。"江才熠同学平时最害怕的学科就是数学，经过一个学期的师徒结对，她的数学成绩进步很快，期末考试分数高达106分。把基础题做好是她现在的目标，她接下来的目标分数是110分，并希望自己以后也能帮助同学，让更多害怕学习数学的同学提高数学成绩。功夫不负有心人，在第二学期，她从徒弟转变成了师父。

案例二：在这个学期的5月份举行的一次师徒小测试中，徐开和同学以85分（总分90分）的成绩位列徒弟组的第一名。他是个很腼腆的小伙子，没有对自己的师父说什么特别的话，只是深深地鞠了一躬。但是，他在感言中写道："上了八年级，我多了一位能够帮助我提高成绩的师父，也是我的同学——蔡明珠。在她的帮助下，我的成绩不断进步，因为我遇到不会的题，就会向她请教，她遇到什么不会的，也会问我（一般都是我问她）。在这样的学习模式下，我们都有了明显的进步。这种'师徒相教，共同进步'的教学策略非常好，我很喜欢。我以后会加倍努力，这样才对得起耐心帮助我的师父和老师。"

4. 广泛听取合作教师、学校领导、有关专家学者的意见，修正实验方案，调整实验计划，分析部分学困生的成因，组织和开展课题研究的合作交流，撰写与课题相关的论文，总结阶段性研究成果，对课题进行评估。

第三阶段：总结阶段（2022年6—7月）

1. 全面开展帮扶活动，利用月考检测研究成果，冲刺期末全州统一测试。

2. 完善课题研究所有资料。

3. 做好相关总结，完成课题研究成果的汇总工作。

4. 申报结题。汇集研究资料，进行全面总结，接受专家鉴定。整理出课题的终结性报告和结题报告。

八、研究成果

（一）制定并落实师父教徒弟的帮扶策略，学困生有了"想进步"的念头

1. 在课堂上，教师布置的任务，师父完成后，监督、指导自己的徒弟完成。有时，遇到简单的题目，我也会随机抽取学困生回答，再让他们的师父及时点评。

罗某某同学：我很害怕我的师父，每次看到他过来找我，我都会很紧张，怕被他发现作业里有我不会做的题。这迫使我不得不认真听课。久而久之，我好像也不是那么害怕上数学课了。

石某某同学：刚开始，我觉得数学太枯燥了，学起来实在没意思。记得有一次月考，我数学考出了 24 分的人生最低分。在随后一次班会中，老师便宣布实施师徒结对模式。我的师父龙硕成绩很好，他刚开始辅导我的时候，我几乎对初中数学知识一窍不通，但他没有放弃，反而更加努力地辅导我。终于，我在期中考试的时候，数学考了 60 分，总分也从以前的 450 分上升到了 531 分。老师夸奖我进步了很多，基础题的得分率不错，

要继续努力。我要感谢我的老师，还要感谢我的师父，我以后会更加努力地学习。

陈某某同学：我的师父是一个优秀且上进的人，我经常问她问题，她每次都会耐心地为我讲解。在与她交流学习、探讨知识的过程中，我第一次感觉到数学如此简单又有趣。她耐心地帮助我，我也很努力地学，所以在结对帮扶后的第一次月考，我的数学成绩进步了20多分。我很开心，很感谢老师提出了师徒结对的策略。在认真学习数学的日子里，我感到很充实，我喜欢这种感觉，所以，我会朝着我的目标奋斗。

2. 在课外，每当师父完成自己的作业任务后，他们都会习惯性地去看看自己的徒弟，看徒弟是否完成作业，完成得对不对。这样的模式让部分学困生开始自觉主动地学习数学。

3. 师父和徒弟常常交流，时时互相关注。许多学困生在学习上比较自卑，结对帮扶模式能较好地照顾学困生的自卑心理，并且能帮助他们在提升成绩的过程中重拾信心。

(二) 每周小测，形成固定模式

1. 周周小测，比一比。每周进行师徒小测试，根据一周内学习的数学知识编制测试题目。师父完成中等难度的测试卷，徒弟完成基础知识测试卷。测试时间为20分钟。

2. 积极竞争。结合上学期的期末考试成绩和学生平时的学习表现，在结对帮扶策略的影响下，学困生都有所进步。我将部分进步特别明显的学困生晋升为师父，并给予该学生及其师父一定的奖励，让他们在今后的结对帮扶模式中发挥更加积极正向的作用。

3. 努力对学生进行积极的、鼓励性质的评价。部分学困生虽然在学习上有进步，但没有持之以恒的学习斗志，很容易受到外界因素的影响。为了巩固教学成果，引导学生养成良好的学习习惯，我在课堂上会安排师徒结对完成学习任务，并让学生分组相互交叉点评。课外练习也可以采取类似的方式，并对师徒小组进行量化考核，考核结果以分数形式累计，定期评选表现优秀、进步明显的小组并给予奖励。

（三）学生思想情感和学业成绩等得到全方面的发展

1. 在辅导徒弟的过程中，结对帮扶中的优秀生（师父）也得到了锻炼，不仅巩固了所学知识，在心理上也得到一定的成就感，这样的成就感可以更好地激励他学习。

2. 结对帮扶中的学困生（徒弟）受益匪浅。

（1）学习态度方面：在师父的帮助下，学困生的学习态度有了很大的转变，上课后会主动跟答，会主动举手回答简单的问题，遇到困难也会主动询问。

（2）学习成绩方面：在教师的精心指导、师父的耐心辅导下，学困生的成绩有所提升，对学习数学不再那么害怕，能按时完成作业。

（四）教师的教学能力得到提高

实施结对帮扶策略，教师需要足够了解学生，设计的教学环节也要紧紧围绕学生，帮助学优生巩固所学、拓展思维，关注学困生的学习情况并适时指导，在师徒关系中起到沟通协调的作用。这就要求教师在教育思想上有新意、敢超越，理论知识扎实全面。

（五）创建一个团结、和谐、奋进的班集体

在一个班集体里，不服从管理、不听话的学生大多是学困生，他们在结对帮扶模式的影响下，学习有了进步，形成了良好的学习习惯，使班级纪律越来越好。

经过一年的研究，对比上下两学期的学生成绩，特别是几名学困生及其师父的成绩，可以发现大部分"徒弟"的成绩都在进步。在评卷智学网中获取的部分学生的成绩进步情况如图1所示。

张丽丽	76分	第26名	进步23名	吴遵羽	105分	第12名	进步20名
王聪	121分	第5名	进步19名	欧糖	71分	第27名	进步19名
宁文杰	122分	第4名	进步18名	邰英姿	101分	第14名	进步14名
徐璐	69分	第30名	进步13名	石安平	60分	第34名	进步13名
王春英	49分	第42名	进步10名	唐东妹大	50分	第40名	进步10名

图1　进步10个名次以上的学生名单

九、研究体会

1. 经过半个学期的研究，我利用结对帮扶策略，让一些学困生对学习数学逐渐有了兴趣。比如，张丽丽同学说："老师，谢谢你，也谢谢我的师父。我从小学开始就不喜欢学数学，但在我师父的教导下，我喜欢上了数学，虽然学得不是很好，可我会努力的。老师，相信我，我会和大家一起加油！"我觉得，这应该是对我研究的这个课题的最大肯定。

2. 在今后的教学中，我会本着教好书、关爱学生的初心继续前行，继续开展师徒结对帮扶。学生思想觉悟的提高、道德行为的形成、学习成绩的取得都离不开教师平时的关心和呵护。而对学困生的转化，教师更要倾注坚持不懈的努力才行。在实施人文教育的今天，教师应更新观念，探索新的教育方法，利用结对帮扶等策略，努力做好学困生的转化工作。我坚信：只要为师者能晓之以理、持之以恒，教学得法，不丧失信心，每一个"花期"不同的孩子都会迎来绽放的一天。作为师者，我们要静待花开！

后　记

　　要提高初中数学教师的课堂教学质量，三分靠教，七分靠管。教师在做好"教"的同时，更重要的是组织好学生的"学"。这本书的主要内容——隐性分层教学，就是以学生为中心来组织教学。

　　我是一个平凡的乡镇初中一线数学教师，在三尺讲台上站了近30年，对教育事业有着深厚的感情。由于资质平庸、手笨笔拙，写不出高深的理论，我遂以浅显的文字阐述自己的教学实践——初中数学隐性分层教学的有效实施。

　　同时，本人在著写本书的过程中，借鉴和参考了名家的论文、著作等，引用了他们的案例和文章，在此向他们致以衷心的感谢！受沟通渠道所限，我未能与所有作者取得联系，敬请相关作者与我联系。E-mail：632928287@qq.com。

著　者
2023年3月

参考文献

[1] 刘焕新. 解密分层教学［M］. 北京：世界知识出版社，2016.

[2] 中华人民共和国教育部. 义务教育数学课程标准［M］. 北京：北京师范大学出版社，2022.

[3] 徐彩芸. 掌握差异分层教学［J］. 甘肃教育，2011（9）：31-32.

[4] 陈进来. 初中数学隐性分层教学实践探析［J］. 基础教育研究，2019（14）：28-29.

[5] 来玲. 初中数学教学中如何实施隐性分层教学［J］. 西部素质教育，2019，5（14）：238.

[6] 张婧. 初中数学隐性分层教学实验研究［D］. 石家庄：河北师范大学，2018.

[7] 杨佳晶. 初中数学隐性分层教学的探究及教学策略［D］. 上海：上海师范大学，2018.